# 浙江财经大学法学教育评论
## （第三辑）

主　编　李占荣

副主编　童志锋　李海龙　唐　勇

浙江工商大学出版社
ZHEJIANG GONGSHANG UNIVERSITY PRESS

·杭州·

**图书在版编目(CIP)数据**

浙江财经大学法学教育评论. 第三辑 / 李占荣主编
. — 杭州：浙江工商大学出版社，2022.9
ISBN 978-7-5178-4953-7

Ⅰ. ①浙… Ⅱ. ①李… Ⅲ. ①法学教育－文集 Ⅳ.
①D90－53

中国版本图书馆 CIP 数据核字(2022)第 082674 号

## 浙江财经大学法学教育评论　第三辑
ZHEJIANG CAIJING DAXUE FAXUE JIAOYU PINGLUN DISANJI

主编　李占荣

| | |
|---|---|
| **策划编辑** | 任晓燕　张晶晶 |
| **责任编辑** | 张晶晶 |
| **责任校对** | 韩新严 |
| **封面设计** | 朱嘉怡 |
| **责任印制** | 包建辉 |
| **出版发行** | 浙江工商大学出版社 |
| | （杭州市教工路 198 号　邮政编码 310012） |
| | （E-mail:zjgsupress@163.com） |
| | （网址:http://www.zjgsupress.com） |
| | 电话:0571-88904980,88831806(传真) |
| **排　　版** | 杭州朝曦图文设计有限公司 |
| **印　　刷** | 杭州高腾印务有限公司 |
| **开　　本** | 710 mm×1000 mm　1/16 |
| **印　　张** | 11 |
| **字　　数** | 191 千字 |
| **版 印 次** | 2022 年 9 月第 1 版　2022 年 9 月第 1 次印刷 |
| **书　　号** | ISBN 978-7-5178-4953-7 |
| **定　　价** | 68.00 元 |

# 序

浙江财经大学肩负着培养新时代财经特色法治人才的光荣使命。《浙江财经大学法学教育评论》系列即浙江财经大学法学院教师探索人才培养模式、创新教学范式和教学方法、思考法学教育未来所形成的理论成果。

浙江财经大学法学院成立于2002年,2011年获得法学一级学科硕士学位授予权。2013年法学获批立项为校级重点学科、省级新兴特色类专业。2014年"非诉法律人才实验班"开始招生。2016年法学专业获浙江省高校"十三五"优势专业建设项目立项。2017年法学获批立项校级一流学科,2018年学院获法律硕士学位授予权和省高校新型智库"浙江省地方立法与法治战略研究院"立项。2019年学院成为浙江省法律与社会工作专业教学指导委员会秘书处单位,法学专业入选首批省级一流本科专业建设点,2022年,法学专业获批国家级一流本科专业建设点。法学院一级学科硕士点下设法学理论、宪法学与行政法学、民商法学、经济法学和国际法学5个学术硕士及法律硕士专业学位点,同时与中南财经政法大学法学院、浙江财经大学政府管制研究院、台湾科技大学智慧财产学院等机构联合培养宪法学与行政法学、政府管制法学和知识产权法学的博士研究生。学院师资力量雄厚,现有教师48人,其中教授14人,89.58%拥有博士学位。

学院坚持"以人才培养为中心,以学科建设为龙头,以专业建设为基础,以科学研究为导向"的发展目标,夯实人才培养体系的基础,狠抓本科层次人才培养,鼓励教师从事教学改革创新活动,激发了广大教师从事法科教学研究的积极性。近年来学院教师先后获得省校两级的教改教研课题20余项,其中,"经济法学"课程群获浙江省精品在线课程群教学团队,"金融法学"获浙江省精品在线开放课程,"债权法学"获浙江省高校优秀教材,《婚恋与法学》《金融法学》《国家安全实例认知》等获省级新形态教材。近三年,本科生获省部级以上项目 7 项,获得创青春中国青年互联网创业大赛全国铜奖、国家创新创业项目等各类竞赛奖励 100 余项。在 CSSCI、SCI 等刊物发表论文 10 余篇,多篇文章被人大复印资料全文转载。非诉法律人才培养模式得到《中国教育报》等多家权威媒体的报道。学生实践成果编入"法府拾穗"系列丛书并连续公开出版。

为展现浙江财经大学法学院教师在法学教育领域辛勤耕耘取得的成果,加强与法学教育界的对话交流,提升教学水平,浙江财经大学法学院与浙江工商大学出版社继续合作,编辑出版《浙江财经大学法学教育评论(第三辑)》。"不积跬步,无以至千里;不积小流,无以成江海。"期盼该书的出版能够为浙江财经大学的法学教育发展和法治人才培养提供新的助益。

浙江财经大学副校长

李占荣

2021 年 11 月 16 日

# 目 录

## 第三编　其他主题

# 第一编　人才培养模式

# 人工智能法学专业建设的现实进路与未来发展

童志锋　郭静忆①

**摘　要**：现有的人工智能法学教育面临理论体系不完善、师资队伍不匹配、评价体系不客观等问题。为保障人工智能法学教育的科学稳定发展，应建立完善的理论体系，确立相应的教学理念和目标，构建跨学科的课程体系和师资队伍，优化培养质量评价标准。

**关键词**：人工智能法学；人才培养；学科建设

人工智能时代的来临在为社会生产与发展带来巨大机遇的同时，也为法律实务界和法学人才培养带来了新的挑战。发展人工智能法学是响应国家政策、满足新型法律人才培养需要的必然选择。目前已有不少高校开设人工智能法学专业，但仍面临诸多挑战。为保障人工智能法学教育的科学稳定发展，法学人才培养亟须创新与改革。

## 一、人工智能法学专业设置的时代背景

人工智能具有技术属性和社会属性高度融合的特点，是经济发展的新引擎，是社会发展的加速器。人工智能技术正在渗透并重构生产、分配、交换、消费等经济活动环节，形成从宏观到微观各领域的智能化新需求、新产品、新技术、新业态，改变人类生活方式甚至社会结构，实现社会生产力的整体跃升。② 面对人工智能可能带来的新型法律问题，法学人才培养模式需要主动寻求变革。发展人工智能法学专业，是顺应人工智能发展的时代需要。

---

① 童志锋，浙江财经大学法学院院长、教授、法学博士；郭静忆，现就职于浙江财经大学法学院。

② 《关于印发〈高等学校人工智能创新行动计划〉的通知》，中华人民共和国教育部，2018 年 4 月 3 日，http://www.moe.gov.cn/srcsite/A16/s7062/201804/t20180410_332722.html。

## （一）响应国家人工智能发展战略的必然要求

2017 年 7 月，国务院印发实施《新一代人工智能发展规划》（以下简称《规划》），为未来中国人工智能发展进行了战略部署。《规划》提出，要在人工智能领域大力开展跨学科探索性研究，要大力培养掌握"人工智能＋经济、社会、管理、法律等"的横向复合型人才，鼓励高校在原有基础上拓宽人工智能专业教育内容，形成"人工智能＋X"复合专业培养新模式，重视人工智能与数学、计算机科学、物理学、生物学、心理学、社会学、法学等学科专业教育的交叉融合，重视人工智能法律伦理的基础理论问题研究。①

2018 年 4 月，为落实国务院《新一代人工智能发展规划》，引导高等学校提高人工智能领域科技创新、人才培养和国际合作交流等能力，为我国新一代人工智能发展提供战略支撑，教育部印发了《高等学校人工智能创新行动计划》。该计划再次重申了高校要完善人工智能领域人才培养体系，加强专业建设。并提出要根据人工智能理论和技术具有普适性、迁移性和渗透性的特点，重视人工智能与计算机、控制、数学、统计学、物理学、生物学、心理学、社会学、法学等学科专业教育的交叉融合，探索"人工智能＋X"的人才培养模式。②

国家人工智能发展战略规划等一系列政策性规范，为人工智能法学人才培养的发展提供了基本的政策性保障，③设置人工智能法学专业是响应国家政策的必然要求。

## （二）满足法律新型人才培养要求的重要举措

人工智能与法学有相契之处，在法律实务中能发挥较大的积极作用。司法是"一个规范的判断过程"，"常规的法律适用模式就是以法律为大前提、以案件事实为小前提，在此基础上得出裁判结论的演绎推理模式"，这种认知结构与人工智能的逻辑相吻合。④ 事实上，目前国内外均已出现法律人工智能系统。美

---

① 《国务院关于印发新一代人工智能发展规划的通知》，中华人民共和国中央人民政府，2017 年 7 月 20 日，http://www.gov.cn/zhengce/content/2017-07/20/content_5211996.htm。

② 《教育部关于印发〈高等学校人工智能创新行动计划〉的通知》，中华人民共和国教育部，2018 年 4 月 3 日，http://www.moe.gov.cn/srcsite/A16/s7062/201804/t20180410_332722.html。

③ 古丽米拉·艾尼：《人工智能时代法学人才培养模式变革的缘由、困境及对策》，《法学教育研究》2020 年第 1 期，第 127—141 页。

④ 程龙：《从法律人工智能走向人工智能法学：目标与路径》，《湖北社会科学》2018 年第 6 期，第 135—143 页。

国很多律师事务所和法院系统开发人工智能的判例辅助系统,俄罗斯储蓄银行近年宣布引入法律服务机器人取代律师,来实现法律文本的全部自动化形成。① 世界最大的律师事务所大成德同在 2016 年创建了人工智能实验室与 IBM Watson 合作开发的法律人工智能产品 ROSS,可以替代律师大部分的工作。② 我国的法律人工智能技术开发起步较晚,但随着大数据和人工智能技术的发展,自 2016 年最高人民法院院长周强首次提出建设"智慧法院"以来,智能辅助办案系统正逐步取代初级法律工作者,完成包括案卷检索、合同审核、法律文书撰写等低层次工作,"智慧检务""智慧公安"等领域也都有了飞快的发展。③ 杭州市检察机关已经启用智慧辅助办案系统,远程提审、庭审、送达系统,智能语音识别系统、法律文书智能校对系统等功能一应俱全。传统法学人才培养不能满足当前智能司法工作的需求。在此形势下,发展人工智能法学教育可以为法律实务界提供新型人才,满足人工智能时代的法律工作需求。

## 二、人工智能法学专业建设的现实进路

人工智能和法学教育相结合在国外起步较早。20 世纪 80 年代中期,斯坦福大学和哈佛大学法学院先后开设了人工智能法学课程,后来逐渐发展成多元化的课程体系。此后,世界各地逐步有院校开设人工智能法学相关课程和项目。我国在人工智能法学教育方面起步相对较晚,大多集中在 2018 年教育部印发《高等学校人工智能创新行动计划》以后。国内现行的人工智能法学教育尚处于发展初期,名称尚未统一,"人工智能法学""计算法学""数字法治""智慧法治""数据法学"等各种称谓诸多,很多问题亟待解决。

### (一)人工智能法学学科的发展现状

目前的人工智能法学研究可根据研究中是以法学为本位还是以人工智能为

① 张建文:《人工智能技术的发展对法学教育的影响与应对》,《北京航空航天大学学报》(社会科学版)2018 年第 2 期,第 25—26 页。

② 向玲:《人工智能背景下法学教育教学的改革与创新研究》,《现代职业教育》2018 年第 34 期,第 40—41 页。赵鹏:《法律人工智能技术的发展和法学教育的回应》,《中国高等教育》2019 年第 Z1 期,第 75—77 页。赵艳红:《人工智能背景下法学高等教育的改革》,《北京航空航天大学学报》(社会科学版)2020 年第 5 期,第 153—160 页。

③ 程龙:《从法律人工智能走向人工智能法学:目标与路径》,《湖北社会科学》2018 年第 6 期,第 135—143 页。

本位,分为三个类型:科技研究模式、法律研究模式、法理研究模式。① 科技研究模式以人工智能技术为本位,旨在解决法律应用中的科技问题。自 2017 年国务院发布《新一代人工智能发展规划》以来,人工智能已在"智慧法院""智慧检务"等领域取得初步应用。法律研究模式以法律为本位,在法律规制与保障层面探讨人工智能与法律的互动机制。法理研究模式则认识到人工智能的发展对法学本身将产生根本性影响,从理论分析的角度探讨人工智能对未来法治、法学研究整体性的影响。

近年来,国内外知名大学都开始布局人工智能法学。刘艳红在 2021 年世界人工智能大会法治论坛演讲时指出,纽约大学、杜克大学、乔治城大学等海外著名高校均设有专门研究大数据与人工智能与法律的研究机构,专门从事相关法律研究。清华大学和天津大学设立了智慧法治研究院、北京大学设立了法律人工智能研究基地、人民大学设立了未来法治研究院、浙江大学和华东政法大学设立了数字法治研究院、东南大学设立了法律大数据与人工智能实验室、中国政法大学设立了大数据与人工智能研究中心、西南政法大学成立了人工智能法学院及法律研究院等。此外,上海成立了人工智能法治研究会、江苏成立了大数据与人工智能法学研究会、四川省成立了人工智能与大数据法治研究会、陕西省成立了人工智能与大数据法学研究会、浙江省法学会成立数字法治研究会等,发力于大数据与人工智能法学的研究。

根据《新一代人工智能发展规划》中关于"人工智能＋法律"的国家战略,国内不少高校已做相关尝试,但目前在人工智能法学专业设置与人才培养上基本集中在前两种研究的范畴。清华大学于 2018 年设立"计算法学"法律硕士项目,全面开展大数据、人工智能等新技术在法律行业的应用研究。西南政法大学在 2018 年增设"人工智能法学"二级学科,以人工智能的法律规制及其法律应用为主要研究对象,将"规则论"与"技术论"有机结合,同时培养服务于"建成更加完善的人工智能法律法规、伦理规范和政策体系"目标的人工智能法律人才和服务于"智慧法院""智慧检务"等建设目标的技术人才。上海政法学院于 2019 年增设"法学(人工智能法学方向)"本科专业,为公、检、监、法、司等机关、政府机构和企事业单位提供适应人工智能时代的新型法律人才,为人工智能高科技企业提供精通法律业务的技术人才。

---

① 程龙:《从法律人工智能走向人工智能法学:目标与路径》,《湖北社会科学》2018 年第 6 期,第 135—143 页。

## (二)人工智能法学研究及人才培养面临的困境

尽管已经有不少院校开始做人工智能法学专业建设的相关尝试,但目前人工智能法学人才培养仍面临诸多困境与问题。

### 1.基本问题不清,理论体系缺位

由于人工智能技术本身仍处于发展阶段,不少法学研究者更是缺乏相关专业知识,故而人工智能法学的很多基本问题,如"什么是人工智能法学""人工智能未来会如何发展",尚没有达成共识。且在法律实践中存在"泛人工智能化"现象,将人工智能的自主性与机械的高度自动化相混淆,将不属于人工智能范畴的问题也纳入人工智能法学研究。[①]

法学研究者之所以关注人工智能法学研究,主要是因为人工智能技术的发展和应用在法律实务中产生了新的问题,因而人工智能相关的法律问题往往局限于部门法领域,没有形成完整的法学体系。[②] 而且人工智能法学研究缺乏理论层面的问题意识,"问题性研究林立,体系性研究阙如",一旦对策论代替教义论,人工智能法学将丧失体系性研究的优势。[③] 理论体系的不完整也会导致人才培养目标的不清晰。

### 2.师资队伍欠缺,配套设施不完善

人工智能法学对师资队伍建设、教学环境等都提出了新的要求。目前高校的法学教育环境难以满足人工智能法学专业的开展。现有的法学专任教师本身缺乏人工智能相关的专业知识,仅仅把法学教师与计算机技术教师放在一起或许无法满足人工智能法学的教学需求,需要建设一支融汇法学与人工智能知识与理论体系的师资队伍。人工智能法学需要培养方式和教学手段的革新。传统法学教育以专业知识为核心,授课方式以知识传授为重点,培养方式较为落后。[④] 人工智能法学教育中,教师将从知识的传授者转变为学习的引导者。人工智能法学作为一个新兴的交叉学科,缺少现成的教材和多媒体课程,相关科研

---

① 刘艳红:《人工智能法学研究的反智化批判》,《东方法学》2019 年第 5 期,第 119—126 页。

② 李俊丰:《论人工智能法学研究的当下困境》,《学术交流》2020 年第 7 期,第 71—78 页。

③ 程龙:《从法律人工智能走向人工智能法学:目标与路径》,《湖北社会科学》2018 年第 6 期,第 135—143 页。

④ 古丽米拉·艾尼:《人工智能时代法学人才培养模式变革的缘由、困境及对策》,《法学教育研究》2020 年第 1 期,第 127—141 页。

成果、学术交流平台亦尚未完善,①学生需要很强的自主学习和探究能力。

3.评价体系落后,人为赋分不客观

人工智能法学教育对人才培养评价体系提出了新的要求。现行法学教育人才培养评价体系"以定性评价为核心","以功利导向为特征","以分数为主要内容",学校根据上级部门要求制定相应的评价标准、人为赋分,②评价过程机械,存在科学性和客观性的欠缺。现行的评价体系无法适应人工智能法学教育的发展,人工智能法学人才培养应借助智能技术与手段,建立科学客观的评价体系,合理的评价机制将成为人工智能法学人才培养的有益助力。

# 三、人工智能法学专业建设的未来发展

理想的人工智能法学研究应坚持法学的主体性,应当具有主动性和前瞻性,能够主动发现、预判人工智能发展过程中的法律问题及其对人类生活方式逐步革新后可能面临的法学问题,以整体性的法学知识和方法去研究、解决这些问题,形成完整的理论体系,而非对策性地、局部地以部门法去被动接受人工智能带来的变革。③ 相应地,人工智能法学教育应呈现发展理念协同化、教学模式智能化、学习模式个性化、教学资源动态开放化、人才培养复合化的发展趋势。④

## (一)确立人工智能法学培养理念和目标

人工智能法学不应仅着眼于技术研究与法律规制研究,而应构建起整体性的理论体系。以法学为主体,以法学如何应对人工智能对人类社会发展的整体影响为目的,主动推动法学院研究和知识体系的革新。⑤ 在此背景下,人才培养理念和目标也应及时更新,以"人工智能＋法律"人才培养为依托,培养兼具科学

---

① 古丽米拉·艾尼:《人工智能时代法学人才培养模式变革的缘由、困境及对策》,《法学教育研究》2020年第1期,第127—141页。

② 古丽米拉·艾尼:《人工智能时代法学人才培养模式变革的缘由、困境及对策》,《法学教育研究》2020年第1期,第127—141页。

③ 程龙:《从法律人工智能走向人工智能法学:目标与路径》,《湖北社会科学》2018年第6期,第135—143页。

④ 季连帅、何影:《人工智能时代法学高等教育的变革与应对》,《黑龙江社会科学》2020年第1期,第123—128页。

⑤ 程龙:《从法律人工智能走向人工智能法学:目标与路径》,《湖北社会科学》2018年第6期,第135—143页。

与人文素养的复合型人才。①

## (二)构建"新文科"人才培养课程体系

"新文科是突破现有文科人才培养的学科专业限制,在更大范围内实现文理、文科、工科等各专业之间的交叉,对文科人才培养的基本理念、目标定位、组织形式、课程体系等重新认识或实现结构重塑。"②新文科的内涵与人工智能法学教育高度契合,应加快构建相应的人才培养课程体系。③

法学专业核心课程由理论教学课程和实践教学课程组成。根据教育部制定的《法学类教学质量国家标准》,理论教学课程采用"10＋X"模式,即法学本科教育阶段同意开设 10 门专业课程,各院校根据自身办学特色开设不少于 5 门其他专业课程。人工智能法学人才培养课程体系应在坚持法学核心课程的基础上,增加"人工智能＋法律"相关课程。在利用人工智能等现代科技手段辅助教学的基础上,增设多学科交叉课程,如与理工科交叉的人工智能技术与应用、与文科交叉的传播学等课程。在实践教学课程方面,应增设实务操作类课程,如人工智能司法辅助系统操作实验课,增强学生对人工智能司法辅助系统的认识与适应。④

人工智能法学的课程体系应围绕人工智能的核心问题展开。其中,智慧法治的理论与实践、司法人工智能的领域理论、智慧法治与中国之治、智能算法的潜在风险及其规制、智能技术归责体系的重构和数据生成、共享与使用规则六大领域值得关注。⑤

最后也是最重要的,高等教育的本质是对人的培养,立德树人是一切人才培养的基础。尽管人工智能或将改变法学教育模式,但教育的本质不能改变,在人工智能时代更要注重学生的道德素养。应增设人工智能伦理教育课程,在伦理教育中勾勒出"善"与"恶"的边界,方能实现人工智能技术"向善"的目的。⑥

---

①　季连帅、何影:《人工智能时代法学高等教育的变革与应对》,《黑龙江社会科学》2020 年第 1 期,第 123—128 页。

②　周毅、李卓卓:《新文科建设的理路与设计》,《中国大学教学》2019 年第 6 期,第 52—59 页。

③　季连帅、何影:《人工智能时代法学高等教育的变革与应对》,《黑龙江社会科学》2020 年第 1 期,第 123—128 页。

④　季连帅、何影:《人工智能时代法学高等教育的变革与应对》,《黑龙江社会科学》2020 年第 1 期,第 123—128 页。

⑤　刘艳红:《人工智能法学的时代三问》,《东方法学》2021 年第 5 期。

⑥　季连帅、何影:《人工智能时代法学高等教育的变革与应对》,《黑龙江社会科学》2020 年第 1 期,第 123—128 页。

### (三)建设跨学科师资队伍

新型的人工智能法学课程体系对师资队伍提出了新的要求。为适应多学科交叉的课程体系,应建设跨学科的师资队伍,同时增设实务导师团队,提高学生的实务操作能力。此外,人工智能时代教师应尽快适应从知识的传授者到学习的引导者的转变,改变传统的知识传授型教学模式,利用人工智能技术引导学生自主学习探索,培养学生的法律思维和计算思维,更要帮助学生树立公平正义的法治精神和清正廉洁的职业道德。

### (四)优化培养质量评价体系

设计科学合理的评价标准和客观的赋分体系,数据化分析评估学生的能力,注重对学生进行过程化考核。以大数据和模型算法为运行逻辑,构建智能化的评价体系,对学生的思维能力、知识应用与实践能力、交流协作能力、自我学习与发展能力和其他综合能力进行评价。[1] 过程化评价不仅能更全面地反馈学生的综合素养,更便于教师随时了解学生的情况,并及时沟通辅导,促进学生的有效学习。

人工智能法学的发展尚处于初级阶段,我们在面临诸多机遇的同时也必须积极主动地解决问题、迎接挑战。人工智能法学理论体系的完善、跨学科课程体系和师资队伍的建设绝非一日之功。法学是一个特殊的学科,对社会的公平正义有着极大的影响,法学人才的培养更是对法治社会的建设有着极其深远的意义。我们应警惕人工智能的学术泡沫,端正学术思想和态度,坚持以德育人、德法兼修,方不负法律人的精神和教育者的责任。

---

① 古丽米拉·艾尼:《人工智能时代法学人才培养模式变革的缘由、困境及对策》,《法学教育研究》2020 年第 1 期,第 127—141 页。季连帅、何影:《人工智能时代法学高等教育的变革与应对》,《黑龙江社会科学》2020 年第 1 期,第 123—128 页。

# 试论习近平法治思想在来华留学生
# 法学专业人才培养中的挑战与应对①

张　寒②

**摘　要**：习近平法治思想是当代的马克思主义，是培养新时代法治人才的指引和根本遵循。在来华留学生法学专业人才培养中也应该融入习近平法治思想。虽然这可能面临观念、人才培养模式、留学生主观能动性等诸多挑战，但是，习近平法治思想教育是培养社会主义法治人才和社会主义法治的必然要求，需把其上升到战略的高度，并从改革和完善人才培养方案，提高留学生学习积极性和主动性等方面下功夫。

**关键词**：习近平法治思想；来华留学生；法治人才培养

随着改革开放的持续、国力的增强和"一带一路"倡议的深入发展，我国正吸引越来越多的外国学生来华留学深造。从 2017 年起，中国就成为亚洲最大、世界第三的外国留学生目的地国。"十三五"时期，我国除已经成为全球最大的留学输出国之一外，也吸引了更多优质来华留学生，结构不断优化。据悉，2019 年，来华留学的学生比例达 54.6%，比 2016 年提高 7 个百分点。③ 据教育部统计，2018 年共有来自 196 个国家和地区的 492185 名各类外国留学人员在中国 31 个省、区、市的 1004 所高等院校学习，比 2017 年增加 3013 人，增长比例为 0.62%（以上数据均不含港、澳、台地区）。④

来华留学生的学科分布日趋合理。以 2017 年为例，学习文科类专业的学生数量仍排名首位，占总人数的 48.45%；学习工科、管理、理科、艺术、农学的学生

---

① 本文系 2021 年度浙江省教育科学规划立项课题"新时代来华留学生法学专业人才培养策略及路径研究"（2021SCG198）成果之一。

② 张寒，法学博士，浙江财经大学法学院教授。

③ 《"十三五"时期来华留学生结构不断优化》，中华人民共和国教育部，2020 年 12 月 22 日，http://www.moe.gov.cn/fbh/live/2020/52834/mtbd/202012/t20201222_506945.html。

④ 《2018 年来华留学统计》，中华人民共和国教育部，2019 年 4 月 12 日，http://www.moe.gov.cn/jyb_xwfb/gzdt_gzdt/s5987/201904/t20190412_377692.html。

数量增长明显，同比增幅均超过 20%。①

　　数量众多的留学生来华留学，一方面是学习中国的先进技术和专业，另一方面，他们也沉浸在中国社会，随时随地感受中国文化，感知中国国情。因此，高校作为来华留学生接受中国高等教育的重要平台，既向来华留学生传授专业知识，也应该是向他们展示中国国情、传播中国文化的重要地方。在来华留学生的专业教学和教育中融入中国国情和中国主流价值观的教育是新时代来华留学生教育中值得重视和深入研究的重要课题。

　　法学专业虽然不是来华留学生的主要专业，但随着我国法治化进程的加快，中国法律制度和法律理念正越来越吸引国际社会的注意，来华留学生当中选择法学专业的人日益增多。"为贯彻落实教育部党组推进习近平法治思想进教材、进课堂、进头脑工作部署，切实将习近平法治思想纳入高校法治理论教学体系，坚持立德树人、德法兼修，推动法学教育高质量发展，培养德才兼备高素质法治人才"，教育部办公厅于 2021 年 5 月 19 日发布了《关于推进习近平法治思想纳入高校法治理论教学体系的通知》（以下简称《通知》）（教高厅函〔2021〕17 号）。该《通知》阐明了将习近平法治思想纳入高校法治理论教学体系的目的，阐述了"推进习近平法治思想纳入高校法治理论教学体系的重要意义"，提出应该将"习近平法治思想贯穿法学类专业课程"，为此应"开好'习近平法治思想概论'专门课程"，"开展面向全体学生的习近平法治思想学习教育"，并在组织实施和宣传推广方面做了部署。

## 一、在来华留学生法学专业人才培养中融入
## 习近平法治思想教育的必要性

　　习近平法治思想是顺应实现中华民族伟大复兴时代要求的重大理论创新成果，是马克思主义法治理论中国化的最新成果，是习近平新时代中国特色社会主义思想的重要组成部分，是全面依法治国的根本遵循和行动指南。② 在来华留学生法学专业人才培养中融入习近平法治思想教育是社会主义法治性质的必然要求，是端正外国留学生对中国法治认识的必然途径，是法学专业留学生学习中

---

① 《规模持续扩大 生源结构不断优化 吸引力不断增强，来华留学工作向高层次高质量发展》，中华人民共和国教育部，2018 年 3 月 30 日，http://www.moe.gov.cn/jyb_xwfb/gzdt_gzdt/s5987/201803/t20180329_331772.html。

② 《习近平出席中央全面依法治国工作会议并发表重要讲话》，《人民日报》2020 年 11 月 18 日，第 1 版。

国的法律知识与技能的必然条件。

## （一）是中国法治社会主义性质的必然要求

实现法治社会，首先需要以法治思想为基本理论指引。远在古希腊时期，亚里士多德在其《政治学》中就主张："我们应该注意到邦国虽有良法，要是人民不能全部遵循，仍然不能实现法治。法治应该包含两重意义：已成立的法律获得普遍的服从，而大家所服从的法律又应该本身是制定得良好的法律。"[①]这一经典论断直至现代仍是衡量"法治"状态与功能的基本准则，是早期的法治思想。

资本主义启蒙时期，以洛克、孟德斯鸠、卢梭为代表的启蒙思想家在批判封建特权思想和中世纪神权法的基础上，提出了资产阶级的法治思想。例如，洛克的"私有财产论和君主立宪制"、卢梭的"社会契约论"、孟德斯鸠的"三权分立说"。这些法治思想和学说为西方国家建立议会制度、三权分立等现代国家制度奠定了理论基础。

当代资本主义的法治思想有了进一步的发展。如，哈贝马斯和弗朗西斯·福山等对资本主义国家的多党制、代表人表决权、司法独立和权力制衡等国家制度进行了新的理论阐析，发展和完善了原有的资产阶级法治思想和理论。

中国是社会主义国家，我国宪法规定"四项基本原则"是立国之本。在指导思想上，我国坚持马克思列宁主义、毛泽东思想、邓小平理论、"三个代表"重要思想、科学发展观、习近平新时代中国特色社会主义思想。《中华人民共和国宪法》还规定："中华人民共和国实行依法治国，建设社会主义法治国家。"由此可见，中国建设的法治社会是社会主义性质的，是以马列主义以及马列主义中国化后的理论为指引和依循的社会主义法治。

马克思主义传入中国后，迅速与中国的国情相结合，指引中国共产党和中国人民推翻了国民党的统治，建立了社会主义新中国即中华人民共和国，进行了社会主义改造和建设，推进了改革开放，全面建成小康社会等伟大历史进程。

在马克思主义与中国结合的过程中，历代中国共产党人呕心沥血，接续前进。中国共产党没有机械地教条化马克思主义，而是在我国建设社会主义现实情况的基础上，不断发展和丰富马克思主义，使得马克思主义在中国与时俱进，与时代同步。由此产生了以毛泽东思想、邓小平理论、"三个代表"重要思想、科学发展观和习近平新时代中国特色社会主义思想为核心的中国化的马克思主

---

① 亚里士多德：《政治学》，吴寿彭译，商务印书馆 1965 年版，第 199 页。

义。历史证明，只有与中国国情相结合的马克思主义才能救中国，才能发展中国。作为社会主义建设的重要组成，社会主义法治建设必须以马克思主义以及习近平法治思想等中国化的马克思主义为指引。"总结好、运用好党关于新时代加强法治建设的思想理论成果，更好指导全面依法治国各项工作"①，是我国社会主义法治属性的必然体现。因此，来华法学专业留学生更应该深入学习和领会习近平法治思想，掌握中国社会主义法治建设的最新理论成果。

## （二）是端正外国留学生对中国法治认识的必然途径

来华留学生在中国留学期间，一方面需要学习专业知识，另一方面需要端正对中国法治建设的认识。对于专业知识的学习，可以通过学校专业教学的途径解决；但对中国法治现状和法治建设，则需要以习近平法治思想等马克思主义法治思想为引导，培养留学生树立正确的社会主义法治观。其中，既有对整个中国的法治现状的宏观观察和观念，也有对中国发生的具有典型意义的法治案件和具体制度的微观想法。

一方面，来华留学生来自世界各地，因为其所在国家或地区与中国不同，导致其成长和受教育的环境与中国不同，不同国情、不同体制，甚至不同文化使得他们对中国的政治、经济制度，以及中国的主流文化、法治观念等认识和感受都会有所不同，由此导致他们在华学习期间对其周围的生活、学习环境缺乏融入感，无法适应我国高校的教育方式和内容，在思想和价值观方面产生问题；另一方面，来华留学生在中国学习期间，其周围不可避免地会产生与法律有关的事例，甚至是典型的、重大的法律事件，如果缺乏正确的理论引导他们去分析看待这些法律问题，他们可能会比较难以理解其中所包含的中国特色，较难树立正确的具有中国特色的社会主义价值观和法治观。所以，"来华留学生思想教育工作应是对外教育工作的重要环节，做好这项工作，是保证教学、加强管理、培养更多优秀外国留学生人才的必要措施。"②中共中央国务院印发的《关于新时代加强和改进思想政治工作的意见》提出，要"增进对习近平新时代中国特色社会主义思想的政治认同、思想认同、理论认同、情感认同"，"做好各类群体的思想政治工

---

① 习近平：《坚定不移走中国特色社会主义法治道路　为全面建设社会主义现代化国家提供有力法治保障》，《求是》2021 年第 5 期。

② 金春花：《加强来华留学生思想教育工作的思考与几点措施》，《黑龙江教育》（高教研究与评估版）2015 年第 Z2 期。

作,开展思想政治引领行动,把广大群众团结凝聚在中国特色社会主义伟大旗帜下。"①

### (三)是法学专业留学生学习中国法律知识与技能的必然条件

众所周知,无论是法学专业的学生还是非法学专业的学生,在校期间都应该学习法律,其目的是培养学生的法治素养。所谓新时代大学生法治素养,是指大学生通过学习法律知识、理解法律本质,运用法治思维、依法维护权利与依法履行义务的素质、修养和能力的总和。②

由此可见,新时代大学生法治素养是一种综合素质、修养和能力的体现。其由法律知识与技能、法律(法治)思维和法治运用等组成。来华留学生在华高校学习法律知识和技能,掌握宪法、民商法、行政法、诉讼法等法律部门的基本概念、原则和制度,这些法律知识为理解法的本质和特征提供了法律常识基础。在此之上,形成法律思维。所谓法律思维,是指在法治理念和法律原理的指引下,根据当时的法律规范,对进入法律视野的客观现实进行理性思考,运用法律概念、法律术语等法律语言载体进行判断、推理,得出符合法治精神和法律规范的结论,适用于法律问题解决的思维过程。③ 这种思维模式的基础和核心是尊重法律,以便一方面限制公共权力的滥用,另一方面又赋予公共权力的合法性。其中的关键在于第一方面,用当下流行的话语来说,就是要"将权力关进制度的笼子里",不致遭其随心所欲的滥用,导致侵害老百姓的基本权利和根本利益。其中的第二方面也不可偏废,那正是第一方面成功实现的必然结果。④ 法律知识是法律思维的物质基础,法律思维是对法律知识的提炼和理解。"徒法不足以自行",仅有法律制度、法律知识和法律思维,法治不一定就能实现,其中还需要加上法治运用的能力。法治运用是法律思维的进一步深化。法律思维是一种思维习惯,是一种分析问题、解决问题的脑力活动,而将这些脑力活动付诸实践的则是法治运用。该运用在法律思维的基础上,指导自身通过法律路径和方法,实施维护自身、他人和(或)社会合法权益,参与国家和社会活动的行为。

---

① 《关于新时代加强和改进思想政治工作的意见》,新华社,2021 年 7 月 13 日,http://news.cctv.com/2021/07/12/ARTIK8T6fR10uv78ITCZmrLD210712.shtml。

② 马克思主义理论研究和建设工程重点教材:《思想道德修养与法律基础》,高等教育出版社 2018 年版,第 6 页。

③ 吴诚、史晓斌主编:《法律逻辑应用教程》,上海交通大学出版社 2017 年版,第 6 页。

④ 东南学术杂志社编:《学而论道〈东南学术〉二十年(1998—2018)文选(下)》,福建人民出版社 2018 年版,第 947 页。

习近平总书记非常重视法治人才的德才兼备。他指出："全面推进依法治国是一项长期而重大的历史任务，要坚持中国特色社会主义法治道路，坚持以马克思主义法学思想和中国特色社会主义法治理论为指导，立德树人，德法兼修，培养大批高素质法治人才。"①

作为在华学习法律专业的留学生，不仅要学习中国法律基本知识和技能，更应该形成应有的法律思维，掌握法治运用能力，培养全面、系统而扎实的法治素养。在此过程中，习近平法治思想等新时代马克思主义贯穿始终。

## 二、当前来华留学生习近平法治思想教育面临的主要挑战

大量留学生来华学习法律专业，有助于中国法律和法治思想的传播。毋庸讳言，当前在来华留学生中进行习近平法治思想教育还存在诸多问题和挑战，如果不加以解决，将会影响到这些来华留学生的学习成果，甚至影响到留学生以及其他国家和地区的人们对中国法治的看法。

### （一）有些地方对留学生法治思想培养存在不重视的现象

经过几十年的发展，我国已经建立了较为完备的法学专业教育体系，培养阶梯涵盖学士、硕士和博士等层次，还建立了学术学位、专业学位的培养机制，这些都为法治人才的培养提供了坚实的基础和充分的保障。从习惯上讲，多数高校在培养过程中，特别是对本科生的培养中，更多注重的是对学生基本知识和基本技能的传授，着重于学生的法律知识（法律条文）的记忆和考察，而对"形而上"的法律基础理论、法律思想方面等关注度不高。这种教育模式拉低了法学教育的层次，难免陷入"职业技术"教育的围篱。法学专业自在高校诞生以来，法理就是法条的基础，是法条背面的理论性、观念性的支撑，法条是法理价值观的外在体现。法律知识（法律条文）是"术"，是"形而下"的"器"；法治理论是"学"，是"形而上"的"道"，两者相辅相成，互为表里。如果只注重法律知识的传授，而失去法治理论的支撑，则法学专业的学生毕业后，可能沦为只知其一不知其二的只会机械使用法条的"法律匠"。这些只重视法律知识，不大重视法治思想的现象由国内学生蔓延到国际留学生的教学当中。

---

① 《习近平在中国政法大学考察时强调：立德树人德法兼修抓好法治人才培养　励志勤学刻苦磨炼促进青年成长进步》，《人民日报》2017 年 5 月 4 日，第 1 版。

## （二）法学人才培养模式存在需要完善之处

法学教育是一个系统工程，既需要传授学生基本知识（法律条文），也需要教导学生将这些法律规定运用到社会实践当中去。因此，法学教育是教材知识传授与法律实务相结合的过程。"随着法治国家的高水平建设，法律实务已经深入各个学科领域，形成应用法学交叉边缘学科的特点，法律实务已经不单纯是法律领域的纯粹法律问题，而是专业知识和法律知识深度融合的复合型、立体化、应用型法律问题，解决这些法律问题无疑需要跨学科知识背景、综合性能力强的精英法律人才。"①目前，我国法学人才（包括法学专业留学生）培养模式中存在的主要问题，表现在以下几个方面。

一是来华留学生的课程体系和教材选择与留学生学习的特点不大相符。一方面，大部分高校的来华留学生法学专业教育教学与国内学生混合在一起。这样做的好处在于，有助于留学生更快、更好地融入中国的学习环境，也有助于中外法学学生之间的交流；但弊端在于，留学生的入学前教育经历、教育环境和母国的政治、文化国情与中国有所不同，学习和理解中国的法律缺乏中国学生的学习和社会环境，理解中国法律方面可能会比较吃力。缺乏专门适用于来华留学生的课程和教材，有时候是制约这些留学生学习效果的一个重要因素。

二是法治实践教育明显不够。目前，法学院的法学教育仍以教师课堂讲授为主，较少组织学生参与法律实践；即使有，在整个法学教育中所占的比重也不高。我们知道，法学是一门实践性很强的学科，法律知识、法律技能和法治思想如果不投入法治实践，法学教育无异于纸上谈兵，教学效果要大打折扣。来华留学生学习中国法律，更是很少有机会将其所学投入实践。

三是应对新时代对法治人才培养的新要求不足。当今世界正处于"百年未有之大变局"时期，新产业、新业态、新技术的大量涌现需要法学专业与时俱进，而"新时代提出的新要求""中国法治建设目标的新调整""中国法治发展遇到的新矛盾""'一带一路'布局的新应对""中美贸易谈判的新挑战""信息化、科技手段、人工智能、区块链、算法等对法学教育的新要求"②等，更需要习近平新时代法治思想的指引，以更好、更快地适应新时代的新要求。

---

① 谢伟：《论从卓越法律人才到卓越法治人才培养的转变》，《社会科学家》2019年第10期，第12页。
② 徐显明：《高等教育新时代与卓越法治人才培养》，《中国大学教育》2019年第10期，第2页。

### （三）部分来华留学生缺乏学习法治思想的主观能动性

有些留学生在其国内学习期间，由于教育体制的原因，他们并没有多少思想教育课程，因而认为在中国学习法律，只要把中国的法律条文和法律制度学好、掌握就够了，而忽视了对法治思想的学习。甚至是出于各种原因，有些学生对马克思主义思想还存在抵触情绪，认为中国高校向他们传授马克思主义的各种学说和思想是给他们"洗脑"。——在这些因素的作用下，部分来华留学生不愿意花费时间和精力去学习马克思主义法治思想，从而导致他们没有学到真正的中国法，或者说没有掌握中国法的精髓。

此外，习近平法治思想教育纳入来华留学生的教育当中，还面临着留学生马克思主义知识背景、历史传统、宗教习惯等多重挑战。

## 三、来华留学生法学专业人才培养中融入习近平法治思想的教育方法与对策

在来华留学生法学专业人才培养中融入习近平法治思想的教育，虽然面临诸多挑战，但挑战当中往往蕴含着机遇。我们找出问题的症结所在后，如果采取有针对性的解决对策，问题大多会迎刃而解。

### （一）必须将此项教育提升到教育战略的高度

当今世界的发展以开放和交流为主。党的十九届五中全会通过的《中共中央关于制定国民经济和社会发展第十四个五年规划和二〇三五年远景目标的建议》（以下简称《建议》）提出，要加快构建以国内大循环为主体、国内国际双循环相互促进的新发展格局。习近平总书记在多个场合多次强调："站在新的历史起点，中国开放的大门只会越开越大。"[①]中国只会越来越融入国际社会，中国的发展必将与世界的发展同步，成为推动世界发展的重要力量。在教育方面，表现在：一方面，我国派出大量的中国学生去其他国家和地区留学；另一方面，我国积极吸纳其他国家和地区的学生来中国留学。实践证明，扩大来华留学生的规模有利于促进我国与世界其他国家和地区的文化交流，有利于我国政治、经济和文化"走出去"，有利于更多的外国人了解中国、理解中国。

---

① 《中国开放的大门只会越开越大》，《人民日报》2019 年 11 月 19 日，第 5 版。

与此同时,我国在来华法学专业留学生中重视习近平法治思想的教育,是要传授他们真正的、原汁原味的中国法律、中国法治。通过原生态的法治思想传授,来华留学生对中国文化、中国的法律和政治制度有个清晰而准确的认识,改变其中似是而非的观念和看法,以至于消除其中对中国可能存在的误解。虽然其中涉及意识形态和世界观、价值观等方面问题,但我们并不是要强迫他们改变自身的观念,改变他们的文化甚至信仰。

只有掌握了真正的马克思主义法治,来华留学生才能真正了解和理解中国法律的本质、特征和功能,以及中国法所体现的习近平法治思想等马克思主义法治思想,进而热爱和宣传中国法和中国法治思想,成为讲述中国故事、展示中国实情、传播中国法治理念,实现中外良性交流的重要国际力量。在来华留学的法律专业的学生,以及所有其他的留学生中,加入习近平法治思想的教育和课程需要提高到此等战略的高度,该项工作才能深入开展下去。2021 年 5 月 19 日,教育部办公厅发布了《关于推进习近平法治思想纳入高校法治理论教学体系的通知》(教高厅函〔2021〕17 号),提出要把"习近平法治思想进教材、进课堂、进头脑","将习近平法治思想纳入高校法治理论教学体系,坚持立德树人、德法兼修,推动法学教育高质量发展,培养德才兼备高素质法治人才"。这是我国高校改革的一项战略决策,不仅对中国学生适用,对来华留学生同样适用。

## (二)改善法治人才培养模式,力求习近平法治思想教育的实效

第一,开设专门的习近平法治思想课程。实践证明,仅靠现有的"法理学"一门课程难以担负起法学专业学生法治意识培育的重任。教育部新修订的《法学类专业教学质量国家标准(2021 年版)》明确了习近平法治思想的指导地位,将"习近平法治思想概论"纳入法学专业核心必修课。各高校应参照《法学类专业教学质量国家标准(2021 年版)》修订法学专业人才培养方案,于 2021 年秋季学期面向法学专业本科生开设"习近平法治思想概论"课程。鼓励支持有条件的高校开设相关必修、选修课程,打造习近平法治思想专门课程模块。① 此项规定的出台为法学专业习近平法治思想教育提供了课程基础。在来华留学生中开设该门课程,对其进行习近平法治思想等马克思主义教育更具有针对性和专业性。

第二,建立和完善符合来华留学生学习特点的课程体系和专业教材。党的十八届四中全会提出:"创新法治人才培养机制,形成完善的中国特色社会主义

---

① 《关于推进习近平法治思想纳入高校法治理论教学体系的通知》(教高厅函〔2021〕17 号)。

法学理论体系、学科体系、课程体系，推动中国特色社会主义法治理论进教材、进课堂、进头脑，培养造就熟悉和坚持中国特色社会主义法治体系的法治人才及后备力量。"①根据教育部 2021 年 5 月 19 日颁布的《法学类教学质量国家标准（2021 年版）》，法学类专业课程体系总体框架包括理论教学课程和实践教学课程。理论教学课程体系包括思想政治理论课、通识课、专业课，实践教学课程体系包括实验和实训课、专业实习、社会实践与毕业论文。法学类专业培养方案总学分一般不超过 160 学分，其中实践教学累计学分不少于总学分的 15%。法学专业核心课程采取"1＋10＋X"分类设置模式。"1"指"习近平法治思想概论"课程，"10"指法学专业学生必须完成的 10 门专业必修课，"X"指各院校根据办学特色开设的其他专业必修课。此模式可以帮助学生形成系统的法学知识体系，但弊端在于法律知识的讲授时间稍长，法律实务的时长较短。这会限制学生理论联系实际，难以将所学投入到法律实践中去，从而影响教学效果。

上述法学类教学质量国家标准同样适用于来华留学生。对他们而言，法学类教学质量标准不能搞"一刀切"。在来华学习之前，这些留学生来自全球的国家或地区，所受到的教育内容、教育经历等教育背景各不相同，在国家层面给他们实施一个统一的教材和课程体系不大现实。因而，在设计和安排针对来华留学生的课程上需要给他们设置一些过渡课程，例如中国历史、中国地理、中国人文以及马克思主义等方面的课程，帮助来华留学生先熟悉中国的国情，再在此基础上学习中国法律制度和法治思想。另外，因为来华留学生没有参加国家统一法律职业资格考试的压力，可以少考查些他们对法律条文的记忆，多给他们安排些时间参加法律实训，在真实的案例中深切感受中国法的法治思想和运作。

教育部于 2018 年 6 月召开了"新时代全国普通高等学校本科教育工作会议"，会后出台了《教育部关于加快建设高水平本科教育全面提高人才培养能力的意见》和《教育部中央政法委员会关于坚持德法兼修实施卓越法治人才教育培养计划 2.0 的意见》。此次会议和这些文件均提出，建设一流法学专业离不开教材的支撑，因此需要建立一套能适应一流法学专业建设的教材。此后，教育部牵头组织了法学类教学德育教材、核心教材（即法学专业 16 种"马工程"重点教材）、拓展教材、应用教材等的建设。这些教材极大地丰富了我国法学专业教学的材料种类和内容，为建设一流法学专业提供了物质基础。当然也应该看到，其

---

① 《中国共产党第十八届中央委员会第四次全体会议公报》，共产党员网，2014 年 10 月 23 日，http://news.12371.cn/2014/10/23/ARTI1414063058032813.shtml.

中还存在诸多的需完善之处。例如,德育教材需突出我国在新时代社会主义建设的最新思想成果,以及需将习近平法治思想作为德育教材的核心内容,这样做到与时俱进,向学生传授马克思主义中国化和中国社会主义理论建设的最新思想。又如,由于种种原因,"马工程"教材还没有出版完毕,需要整合资源,加快进度。再如,应用教材中的案例分析,权威性不够,内容不够丰富,这些教材需要教育部组织学术界与公检法律等实务界共同编撰。

与此同时,如果有条件的话,可以出版针对来华留学生特点的法学教材,以便让他们能够更容易地学习、领会和掌握中国法和中国法治思想。例如,有些留学生有其自己的宗教信仰,教育部门可以组织人编撰一些中国法律制度和法治思想与宗教教义和思想的比较教材,在他们熟悉的领域进行比较分析,留学生更容易理解和接受。

### (三)调动留学生学习习近平法治思想的主观能动性

法治思想的传授和法治意识的养成是一项长期的工作,其中,法律知识(法律概念、原则和原理)是法治思想的载体和基础。法律知识大多内容枯燥,含义晦涩,若老师在讲解的时候不注重方法,很容易使得学生产生困倦。外国留学生有时候还有语言关,种种因素加起来,留学生容易丧失对法律的学习热情,甚至产生抵触情绪,这就与法治思想和法治意识的培养目标南辕北辙了。

兴趣是最好的老师,因此可以先激发留学生学习中国法和中国法治思想的兴趣,有兴趣他们才能发挥主观能动性,才能主动地去学习。在留学生法学教学中,讲求实效,运用多种参与感、体验感强的教学方式,"摆事实,讲道理",多用客观事实说话,以事实服人,让来华留学生切实体会到中国的法治文化、法律文明和法治建设方面取得的巨大成就,他们自然就会对中国法律制度、法治思想产生认同感,从而激发其学习和追随的兴趣。

在激发留学生学习兴趣方面,我们应该遵照习近平总书记所指出的:"要运用新媒体新技术使工作活起来,推动思想政治工作传统优势同信息技术高度融合,增强时代感和吸引力。"①除了传统讲授教学方式外,我们现在还有视频公开课、慕课、微课等网络课堂。传播路径除了电台、电视台、报刊等传统媒体外,我们现在还有 QQ、微博、微信公众号等新媒体。多种多样的传播途径有助于建构

---

① 习近平:《把思想政治工作贯穿教育教学全过程　开创我国高等教育事业发展新局面》,《人民日报》2016 年 12 月 9 日,第 1 版。

一个立体的、无缝的法治教育环境。法律知识和典型案例通过这些媒介和路径展现在留学生面前，让他们有沉浸式的学习环境，使其更深刻地感受和体验中国法治的魅力所在，这是被动式。主动方面，有条件的地方可以带领和指导留学生参与合适的法律实务，让其动手实践，培养其法律实务能力，增强其对中国法的感性认识，从而激发其学习的主观能动性。

## 四、结　语

对来华法学专业留学生进行习近平法治思想教育有着重要意义，当然也面临着一定的困境与挑战。同时应该看到，这是一项长期的系统工程，需要诸多因素合力发挥作用。中国的法治思想应当是这些来华留学生获取的宝贵财富，使其终身受益。如是，来华留学生将是向世界传播以习近平法治思想为核心的中国马克思主义法治思想的重要途径，也是国际社会了解中国法治的一个重要窗口。

# 新时代下法学教育研究

章惠萍 项 民①

**摘 要**：法学教育作为法治人才的培养方式之一，为我国法治建设提供了大量的优秀人才。随着时代的发展，法学教育模式逐渐暴露出其存在的问题，显然已不能满足时代的要求。因此我国高校法学教育培养模式还需进一步完善，为我国的法治建设培养专业的法律人才，满足社会对复合型人才的需求。

**关键词**：法学教育；复合型人才；培养模式

## 一、引 言

自国家法治建设提出以来，法治正逐步迈向正轨，法治队伍也越来越庞大。高校学生在面对专业选择时，越来越多地选择法学等相关专业作为自己的填报志愿，从而学习相关的专业知识。同时，越来越多的就业者在面对岗位选择时，更加倾向于从事法律工作，例如公安、法院、律师等，凭借自身专业知识服务于社会群体。我们当下所处的时代，不仅是一个法治推进的时代，还是一个"互联网＋"、"智能＋"、数字虚拟时代，这些新科技的不断发展，对我国法律体系提出了新要求。虚拟经济的不断发展要求我国法律在经济纠纷领域构建新的知识体系，虚拟技术的不断产生要求法律对知识产权归属认定做出明确判定，同时这些智能虚拟化的发展对于法学专业知识人才培养提出了更高的要求，急需当下高校法学教育适应时代变化，在原有的基础上加以改善，从而推进法治进程。高校作为法学教育的主阵地，培养法治建设事业人才的供给地，其对人才质量、供给及其平衡社会法治需求等方面发挥着至关重要的作用。② 因此，高校法学教育

---

① 章惠萍，浙江财经大学法学院教授，法学硕士，主要从事经济法、刑法学研究。项民，浙江财经大学法学院 2020 级经济法方向研究生。

② 李响、孙留萍、刘宇晴：《高校法学教育与职业衔接调查初探》，《西藏教育》2021 年第 4 期，第 39 页。

应积极结合社会生活，引导学生学会从不同角度看待相关问题，从而理解法学内容所包含的真正含义，使其能够成为一名复合型的法律人才。

因此，本文将从当下社会岗位人才需求及其法学学生就业意向角度出发，结合以往高校法学教育培养模式，探讨新时代下法学教育培养模式应如何转型，完善我国法学教育事业，从而应对依法治国进程下法律人才需求，培养复合型人才，保障我国法治化建设进一步发展。

## 二、新时代下社会呈现的现状

依法治国战略的提出，加快了我国法治化建设的进程，全国各地都在宣传法治建设，建设法治国家。通过互联网技术，搭建智慧化网上法治平台，改变线下发放模式，借助微信公众号、网页等宣传法治教育。这些科技及其国家政策的出现，使得人们对于法治的意向更加强烈，人才市场岗位需求更加注重法治人才，同时更多青少年学生的专业选择及其就业方向发生了转变。

### （一）新时代下法治所需岗位现状

法学教育是一个与时俱进的学科教育，它不仅拥有过往的知识体系，也跟随时代的脚步不断吸收、汲取，从而丰富自身的体系价值。互联网时代，随着科学技术的不断发展，各行各业都逐步向智能化靠近，法学不断与科技接轨，从而形成"法学＋技术"的复合型知识体系。以往作为一名法律工作者，社会上所需的工作，如律师或公、检、法人员等其更专注的是其自身须具备专业的法学知识、严谨的逻辑思维等，从而能够应对日常的社会纠纷。随着时代的发展，越来越多的法治工作岗位不仅需具备上述的基本条件，同时还需要我们具备更多的知识储备，成为一名复合型人才。无论是国企还是私企，是事业编制还是公务员编制岗位，在面对岗位人才选择时，更多关注的是其自身的优势和岗位的匹配度。复合型人才凭借其各方面的专业优势往往在一个岗位竞争中占得更大的优势，用人单位在选择时更多的是会考量这些人员所具备的潜力及其给自身带来的经济优势。这一现象覆盖社会各个领域，法学领域也不例外。岗位人才所需的标准更加严苛，要求法学人才更加注重自身发展，形成一支系统完备的储备军，从而推动我国法治化进程，成为一个法治化国家。因此，在面对当下社会所需人才的强大竞争下，成为一名复合型人才是顺应时代潮流和社会所需。法学教育的目的就是为国家提供专业的法学人才。以往的法学教育要摒弃落后理念，改善教学模式,从而培养复合型人才。

### (二)新时代下学生专业及就业选择倾向转变

自从法治国家、法治政府相关政策提出以来,法学在众多专业中成为热门专业,其专业分数也随之上涨。虽说专业分数上涨使部分学生难以选择,但众多学子每年仍将法学专业作为选择之一。同时,越来越多的应届毕业生在面对就业选择时有所改变。一方面,越来越多的法学学生选择继续深造,攻读更高的学历,从而学习更系统的知识体系;另一方面,在就业岗位选择时,大家不再仅将视线放置于成为一名律师或者成为一名公、检、法人员,也将更多的视线放在了事业单位、企业单位等法务部门,或者是教育行业,或者是其他需要法学专业人才的特殊岗位。选择这些岗位的学生在面临工作时,不仅需要自身掌握专业的法学知识,同时还需要在其他专业领域如经济、技术等具备相应的实务能力。法学教育在面对不同选择时,单一的法学教育模式及其培养目标并不能满足更多的人才需求。以往的法学教育模式主要是针对公检法机关及其律师等人才培养的,对于当下众多岗位选择的差异性,学生在其就业中因对其他领域知识了解较少,而不能胜任其所担任的职能。因此,法学教育作为法学专业学生就业培养的基础,在培养阶段对于学生未来求职就业等方面具有重大作用,完善相应的法学教育培养模式,对于我国法治队伍建设具有重要意义。

## 三、高校法学教育培养模式存在的问题

在法治国家建设推进下,我国法学教育逐渐暴露了其自身存在的问题。科学技术及其世界一体化的发展,急需改善我国的法学教育模式,从而适应新时代下法治的要求。

### (一)法学教育教学方式单一

随着我国司法考试改革的加快,法律职业资格考试的通过成为法学专业学生从事法律事业的敲门砖。自应试教育在我国沿袭以来,以考试为中心,任何与考试有关的内容都会被重视,而除考试之外的东西,则被冠上没有任何意义的称号,扼杀了学生兴趣的摇篮,将学生固定在既定的圆圈当中。这种教育模式实际上很大程度上限制了学生的发展,从而不能适应知识经济和信息化时代的需求,很难将学生培养成为一名合格的复合型人才。法学教育注重的是培养一个具有

法律意识、法治思维、严谨逻辑的法学专业人才，而不是为了应对考试而故步自封。

同时，我国法学教育的教学方式大多是以课堂讲授为主，通过老师输出专业知识，学生被动接受知识。实际上，这种教学方法往往会造成学生被动式学习，学生缺乏独立思考的空间，缺乏创造力及其逻辑思维的培养，导致学生在实际的应用过程中所能发挥的实力微乎其微，这并不是培养学生成为一名复合型人才的优良之举。尽管有一些法律院校意识到了这一点，在某些方面也做出了一定的改变，但其实际所发挥的作用还是较少的。传授法律知识是法学教育的目的之一，但也不能只是传授知识而不注重人才的培养。理论的培养与实践应用同等重要。各高校为了培养学生的实务能力，都会开设模拟法庭及其暑期社会实践来提高学生的学习水平。但模拟法庭的设置并没有发挥其实际的效用，更多侧重于模拟，学生参与度并不高。同时暑期社会实践对于学生来说，并没有发挥最大的效用。大多数学生选择律所、法院、检察院等机构作为自己的实习单位，希望能获得专业的指导。就实际而言，他们的实习内容大多是整理卷宗、装订文档，并没有多大意义，不能从实践中学到法律实务知识从而提升实务能力。法学作为一门强实践的学科，法学教育理应注重理论基础与实务教学相结合，为法学专业学生在高校中奠定雄厚的基础，使其成为一名复合型人才，从而在面临就业的强大压力下能够稳定发挥自身的才能，成为一名时代的弄潮儿。

### （二）法学专业与其他学科融合度低

我国高校在专业设置中涉及诸多专业学科，各学科具有高度的专业性，但各专业之间的教学相互隔离，例如财经院校法学教育与经济类教育相互分离，两者间开设的课程并没有充分的结合。在实务操作中，法学专业学生不懂财经、经管等专业知识，在涉及经济领域纠纷时，法学学生往往因经济类等专业术语及其计算方式等知识欠缺，而无法从事相应的工作事务。同时，大多数经管类专业学生在从事会计等行业时，没有接触相应的法学知识教育，其自身的法学知识匮乏。有的高校虽然开设了经济法课程，但很少开设财经法规课程，并没有一个专业的课堂给予知识的传授。大多数法学学生在取得法律职业资格证书后，为了具备经济类纠纷解决的能力，更多的是选择备考注册会计师等资格考试。因从未接触过相关经济类知识学习，学生在备考过程中更多的是茫然，对专业术语的不理解加大了相关知识的难度。同时随着社会科技化进程的不断发展，越来越多的法学知识涉及专业知识领域，例如"智慧化＋法学"办公、"法学＋人工智能"等。

当下法学教育与虚拟信息技术、互联网专业等学科教育相脱节,高校法学教育更加关注自身的专业性,而缺少对大数据、智能化等专业的结合。互联网技术的快速发展强烈地冲击了我国传统法学理论和法律制度,例如 P2P 金融纠纷、虚拟财产的认定及其归属、公民个人信息及隐私保护等方面产生了新的法律问题,这些迫切需要通过法学研究完善相关的法律制度及其解决办法,弥补法律漏洞。当下高校法学教育作为法律知识的输出形式,各专业学科间的分离不利于复合型人才的培养。

## 四、新时代下法学教育培养模式转型

结合上述众多现状及其原因可以看出,在追求复合型人才的迫切需求下,传统的法学教育理念及其教育模式已落后于时代的发展需求,急需改善当下法学教育培养模式,为法治建设提供高质量的人才队伍,从而推动我国法学教育体系的发展,顺应时代的潮流,充分发挥法学教育在法治国家建设中的重大作用。

### (一)调整法学教育体系,理论与实务相结合

在当下,我国法学教育体制需要时刻关注时代变化,随着科技及其智能化的出现,大量的新鲜事物如数字货币、人工智能等专有名词不断涌现,对我国的法学理论提出了新要求,需要我们不断研究新的法律体系,增加新事物的概念认定及其应对措施。因此,高校法学教育在日常的课堂传授中,要充分结合新动态,改变传统的教学模式,从实际的事件中传授法律知识点,在给学生传输知识的同时,也要注重培养学生的思维逻辑,提高学生的法律意识,树立正确的法律观。法学教育课堂不仅要传授法律理论知识,也要注重培养学生的实务能力,理论与实务充分结合,不能存有轻实务重理论的思想观念。因此,在日常的课堂设置中,法学院校应开设相关的实务课程,提高学生相关的法律职业实践训练,如谈判技巧和诉讼技巧等。① 同时可以改变课堂的教学方式,减少老师在课堂上的输出占比,增加学生自身的实务处理部分,由学生个人对案例事件进行分析,教师在一定情况下加以引导,从而培养学生的思考能力,提升其自身的实践能力和对专业知识结构的认识力。理论与实务相结合,不仅能让学生在一定程度上对专业知识有较深的理解,同时还能为学生在面临工作压力时增强其自身的自信

---

① 崔伟春:《当前我国法学教育体制存在的问题及对策》,《法制与社会》2021 年第 11 期,第 157 页。

心。成为一名高质量的复合型人才,理论与实务的结合是必不可少的一部分。国家法治建设人才队伍也需要注入一批新鲜的血液,从而保障我国法治建设能够早日实现。

### (二)改善法学单一模式,多门学科相互结合

传统法学更加注重自身的专业性,有其自身的专业领域,独特的专业味道。随着时代的不断变化,法学研究领域开始向经济、科学技术、人工智能等领域扩展。随着信息化时代的不断发展,法律与科技相互融合,出现了智慧化法律办公、线上法律等形式,产生了大量的需要"法学+技术"的复合型法律人才的工作岗位。同时数字经济、虚拟货币的不断发展,法律与经济的结合,导致"经济+法学"复合型法律的不断出现。因此高等院校在教学中,需要改变以往只注重法学教育,而忽视其他学科教育的培养,应该打破各学科教育的壁垒,采用法学教育结合互联网技术的新型教学模式,以及改善法学与经济相融合的局面,建立一个全新的复合型人才培养模式。在日常的课程安排中,法学院校可以安排部分经济类知识课堂,作为选修模式供有备考注册会计师等学生选择;同时除了以往线下的模拟法庭,也可以集合技术开设线上智慧法庭课堂模式,紧跟当下智慧化法律的需求。高校学科教育打通文、理、工三大学科体系之间的壁垒,加强法学院系和其他学院间的沟通交流,实施跨学院的联合培养机制,有利于从多方面培养学生的思维能力和逻辑能力,[①]让学生懂得从其他领域和角度分析法律案件,理解其中的法律现象及其问题研究,从而适应当下社会人才所需,使高校成为一个为国家法治建设提供高质量人才的输出地。

### (三)注重良好风气建设,培养德才兼备栋梁

全面推进依法治国需要我们具备一支高质量的法治人才队伍。高校作为法治人才的输出地,担负着时代的使命。法律作为道德的底线,法学学生更要加强自身的道德修养,不能知法犯法,或存有侥幸心理钻法律的漏洞。当下信息时代发展迅速,信息传播速度极快,法学工作者在就业过程中不能只凭借充分的法学理论,还需培养专业的职业道德素养才能维护社会的公平正义,实现一名法学工作者的价值。高校作为社会纯净之地,更要注重良好的风气建设,避免学生沾染不良风气,从而误入歧途。高校在人才培养过程中,要加强对学生的价值观念培

---

① 朱宇:《新文科背景下法学专业复合型人才培养模式的转型研究》,《卷宗》2021年第6期,第218页。

养。因此,高校法学教育在注重知识教育的同时,也要注重学校良好风气的建设,培养法学学生树立正确的价值观、人生观。

# 五、结　语

综上所述,我们正处于信息化时代和法治时代,我国法学知识体系建设和法学教育都在不断提高,并取得了巨大的成就,涌现了大批的法学专业人才。但随着法学教育规模的不断扩大,以往的法学教育模式也暴露出了越来越多的问题。因此,法学教育模式需要顺应时代的发展,不断加以完善,取其精华、去其糟粕。高校作为法治人才培养的主要阵地,培养了大批的优秀人才,但面对高质量人才、复合型人才的需求,还需进一步转换培养理念、培养模式及其培养目标,从而为我国法治建设提供知法懂法守法的专业人才,为社会主义建设做出杰出贡献。法学教育模式的改善还需我们法治教育者共同努力,探寻新型法学教育的必经之路,教育学界的学者任重而道远。

# 人工智能技术时代的法学教育

童圣侠①

**摘　要**：法律人工智能的出现和普及，将不可避免地对法律职业带来前所未有的冲击。法律行业的结构和法律执业者所需的知识构成都将因此遭遇挑战。相应地，法学教育也将面临类似的挑战。人工智能将从教育市场、教育方式和教育内容三个方面冲击现有的法学教育模式。与此同时，人工智能技术的发展将为我国的法学教育带来新的机遇。

**关键词**：人工智能；法学教育；法律职业；法律知识

## 一、引　言

近年来，人工智能在各个领域展现出的智慧和能力正在冲击人们关于人与机器之关系的观念。与此同时，新技术的进步正在给各行各业的传统业态带来前所未有的挑战。法律行业也不例外。2013 年，英国大法官首席信息技术顾问理查德·萨斯坎德（Richard Susskind）在其著作《法律人的明天会怎样？——法律职业的未来》中，预示了法律世界的根本和不可逆转的变化，认为法律行业未来十年最大的变化是新技术带来的。② 这一情势也对我国法律界产生了重要影响。实务界和理论界都对此给予了极大的重视。而国家的推动，使该影响在持续地加速和扩大。

在法律实务中，人工智能正以其高效、精确、便宜的特性，冲击着法律行业中的劳动密集型岗位。技术进步带来的前景首先对律师提出了极大的挑战。一方面，他们需要学会与人工智能共事的能力。另一方面，他们需要拥有超越人工智

---

① 童圣侠，浙江财经大学法学院讲师。
② Richard Susskind，*Tomorrow's Lawyer*：*An Introduction to your future*，Oxford University Press，Oxford，2017，pp. 10-15.

能的能力。与此同时,人工智能在司法领域的应用对法官和检察官的能力提出了类似的全新要求。如何合理使用类案推送系统,如何理解人工智能系统给出的判决意见和判决理由等问题,都要就法官对于系统的运作方式及其运作结果的意义有较好的理解。此外,法学研究者面临着全新的领域,传统的研究方法已经不足以应对法律人工智能的问题,跨技术和学科领域的问题呕待学者去处理和解决。

简言之,人工智能时代的来临,对法律人的知识结构和能力提出了全新的要求。这必然对法律教育的传统模式提出了新的挑战,尤其是在我国法律人工智能飞速推进的情势下,法学教育应当如何适应和回应这些挑战是本文要讨论的核心问题。

# 二、人工智能对法律职业的冲击

## (一)法律职业结构的变革

在具体讨论法学教育问题之前,有必要首先厘清人工智能对于法律职业到底带来了哪些核心挑战。最容易观察到的挑战便是人工智能对现有法律职业的结构可能产生的冲击。对法律人工智能的研究,除了旨在理解人类的法律推理工作机理之外,也在于建立有助于法律实践、教育或研究的计算机工具。[1] 而如今的法律人工智能系统已经不但能够协助法律人进行实践工作,还能够替代法律人完成一些机械而简单的工作,并且比人完成得更加迅速、准确和全面。例如,简单合同或重复合同的处理、相关法规和类案的信息检索和调取、简单文书的撰写,甚至包括一些与客户的初步接洽工作和办案过程中的证据及法律推理工作等。ROSS、Berwin Leighton Paisner(BLP)、Akerman 等系统已经在实务中得到运用,并展现出了不俗的能力和潜力,也使得法律行业中的低端工作职员被人工智能完全取代成为可能。这将为律所节约人力成本,提高工作效率和质量。在司法中的运用,能有效地改善司法效率,一定程度上缓解法官的工作压力。正如 2017 年的一份地平线观察报告(Horizon Scanning Report)研究所显示,人工智能最可能的影响是:"对法律工作的数量产生影响,最初是在较低级别

---

① Rissland, Artificial Intelligence and Law: Stepping Stones to a Model of Legal Reasoning, 99 *Yale L. J.* 1957(1990), p. 1960.

的员工中改变法律工作的性质，强调人类特别擅长的技能，以及随之而来的法律教育和培训的变化；改变组织结构和商业模式；降低成本和改变收费结构"①。这意味着现有法律职业岗位中的相当一部分将会被机器占据，尤其是律师助理的岗位可能会完全消失，大量仅从事简单工作的法律从业人员将失去工作。与此同时，人工智能时代也会催生新的岗位，这些新的岗位可能在法律实践中扮演着全新的角色，对法律人工智能的运行进行维护、评估、解释和完善。这在知识结构上对法律人提出了全新的要求。

### （二）法律职业知识结构的变化

在传统的法律实践中，一个优秀的法律人需要具备的最核心的知识，即关于法律规则和判例的知识。一个优秀的法律人需要熟悉法律规则，可以准确地理解法律规则，并可以依据自己的立场和目的，准确地将法律规则运用到实际的案例中去。在这一过程中，法教义学是最核心的方法，辅以法律史、法社会学以及法哲学等重要知识，使法律执业者得以合理运用法律方法解释和适用法律，以实现其实践目的。因此，在法学教育中，教授的最核心知识即是关于法律规范和先例以及法教义学的知识。②

法律人工智能的普及将对这一知识结构产生重要的影响。首先，法教义学在法学以及法律实践地位依然不会有太大的变化。一方面，就目前法律人工智能的发展程度而言依然处于弱人工智能阶段，距离完全替代人类处理复杂的法律问题依然有一定的距离；另一方面，法律人工智能系统的完善和提升需要法教义学实践和研究的持续发展。不可否认的是，法律人工智能的应用将为传统法教义学增加全新的因素。由于人工智能可以在辅助法律实践的过程中，依据自身的算法逻辑为实践者推送法条和类案以及论证的理论和框架，那么当其应用在法律实践中普及之后，律师或法官需要对其推送的信息进行筛选，鉴别这些信息是否以及哪些可以帮助他们更好地进行实践。这就要求律师或法官对于人工智能的运作逻辑有一定的了解，知晓其推送结果的意义，据此才能对这些结果做出正确的评估，将其纳入自己的法律判断，而不至于发生对人工智能的"傻瓜式"

① Willis Towers Watson，*Artificial Intelligence and the Legal Profession*，Accessed May 10, 2019. http：//www. Lawsociety. org. uk/news/stories/artificial-intelligence-and-the-legal-profession-ho-rizon-scanning-report/.

② 孙海波：《论法教义学作为法学的核心——以法教义学与社科法学之争为主线》，《北大法律评论》2016 年第 1 期，第 231 页。

的应用,尤其是在司法过程中,要避免人工智能产生的结果替代法官的法律判断。如此,才能使人工智能真正起到辅助裁判的作用。

其次,人工智能的普及不仅要求法律执业者对人工智能系统的运作逻辑有一定的了解,还对他们对传统法律知识的掌握提出了更高要求。法律从业者需要具有更全面的知识结构,尤其要提升处理疑难案件的能力。这就需要法律人对法律规则有更深入的认识,例如需要掌握法律规则的产生背景、制定这些规则所要解决的问题,以及其潜在的价值基础等更多的法律知识。与此相应的是,这也对法律人对事实的把握能力提出了要求。法律人不仅仅只是从当事人处被动地接受事实,更重要的是主动获得事实,筛选建构事实的能力。这需要一个优秀的法律人不仅要有扎实的法律知识,也必须变得更为博学。法律人必须具备超越法律人工智能的知识和能力,才能在人工智能的冲击下在法律行业中站稳脚跟。

据此,人工智能的普及将要求法律人学会与人工智能共事,也要求法律人在知识和能力上必须具备超越人工智能的素质。这些冲击随之将对目前的法学教育构成极大的挑战。

## 三、法学教育面临的挑战和机遇

### (一)就业市场与法学教育

人工智能对法律职业的冲击,将首先通过法律就业市场的结构变化在法学招生的情况中得到反映。郑戈教授曾观察到美国这两年申请法学院的学生人数减少了40%多。他推测其中的原因是现在美国很多律师事务所和法院系统开发人工智能的判例辅助系统,导致法律职业吸引力有所降低。[①] 产生这一结果的原因当然是多方面的,但人工智能无疑是重要诱因之一。

首先,人工智能的普及将导致法律服务变得更为便宜,从事低端法律业务的岗位因此不再具有原本的吸引力。更何况在美国进入法学院的成本之高,当无法保障稳定的回报预期时,申请就学的人数当然会遭遇"滑铁卢"。虽然这在我国并不会成为重要的问题,但收入因素显然会对教育市场对学习法律的价值进

---

① 张建文:《人工智能技术的发展对法学教育的影响与应对》,《北京航空航天大学学报》(社会科学版)2018年第3期,第25页。

行重新评估。

其次，人工智能将导致传统的低端法律岗位减少，同时意味着就业门槛的总体提升。学习法律的过程变得更为辛苦，更需要经验的积累。律所对于实习生和助理律师的需求量将会逐渐减少，这将减少学生积累经验的机会，同时也减少了毕业生的就业机会，竞争的激烈程度也将大大增强，使得人们开始重新评估学习法律的性价比。

最后，这种就业前景及其所带来的法学教育的困境可能导致法律教育进一步精英化。只有那些本身就具备一定资源的学生才愿意进入法学院进行学习，而大部分毫无背景的草根学生即便进入了法学院，也有极大概率最终无法获得就业机会。这将加深和固化法律界和社会之间的界限，不利于我国的法治建设。

## （二）对法学教育方式的冲击

人工智能对法学教育方式带来的挑战可能是革命性的。最核心的一点在于，人工智能在信息传递和知识的描述性传授方面具有更强的能力。照本宣科的教学方式可能将退出历史舞台。人工智能显然可以更便捷、迅速、准确地完成照本宣科的工作；甚至通过人工智能系统的完善，它或许在不远的将来可以通过完备的知识点注释的方式为学生提供最全面的知识点讲解，完成与学生之间的简单问答工作。这些技术上的进展将使法学教育的形式出现巨大变化，也对法学教育者提出了前所未有的要求。一方面，法学教育将出现重要的分化，教授法律硬知识的任务由人工智能承担，教师则负责传授法学软知识。换言之，人工智能负责教书，教师则负责育人。① 另一方面，教师将更加注重个性化的教育，针对学生不同的问题进行有针对性的进阶教育。在这一过程中，要培养学生正确理解法律规则和案例的能力，正确进行价值权衡的能力，并拓展学生的知识面，提升其人文素养。简言之，法学教育将把重点从知识的传递转移到法律人的人格塑造上去。

## （三）法学教育内容上的更新

人工智能对法律职业知识结构和法学教育方式的冲击，将要求法学教育中纳入人工智能相关的内容。这些内容可以分为以下几个层面。

---

① 杨学科：《论人工智能时代的法学教育新挑战、新机遇和新模式》，《法学教育研究》2018 年第 32 卷第 4 期，第 144 页。

第一,关于如何合理使用人工智能系统的知识。这不仅仅包含一些简单和机械的应用,更重要的是保证学生对人工智能系统的运作原理有一定的认识,对其产出之结果的意义有正确的理解。据此,让学生学会如何依据人工智能的推送或结论构建自己的论证框架,做出自己的法律判断。

第二,"人工智能与法律"的知识。上文已经阐述了人工智能的来临将会催生新的岗位,需要新的跨学科人才进入法律服务市场。因此,法学院需要对这种市场需求做出必要的回应。法学院应当对法律人工智能的发展进行全面而严谨的评估,为跨学科人才的培养做好准备。这就要求开设"人工智能与法律"的相关课程,对该跨学科领域的发展和知识进行系统性的讲授,并邀请技术领域的专家参与其中。[①] 与此同时,鉴于法学院教育能力上的短板,应当通过与其他院系的合作,为跨学科人才的培养建设平台。而这也可能成为法学院克服生源困境、突破精英壁垒的有效路径之一。

第三,法学院需要对已有教学内容进行调整。一方面,需要进一步加强学生法律实践技术的培养,即法律方法的教学。只有扎实地掌握法律方法的相关知识,才能更好地运用法律人工智能来协助自己进行法律实践。另一方面,应增加法律史、法社会学以及法律伦理学等课程内容的比重。这些课程无论对于学生理解法律、掌握法律方法,还是对于塑造法律人的人格和精神而言,都具有重要的意义。此外,应当增加更多的人文课程,拓展学生的知识面,培养学生的人文素养,从而避免使其成为一部法律"机器"。

### (四)法学教育的机遇

尽管人工智能给法学教育带来诸多挑战,但也给法学教育带来了突破自身的机遇。我国的法学教育一直处于基础知识教育过剩和实践能力教育不足的基本矛盾之中。在法学培养方案中充斥着大量讲授法条和基本制度的简单课程,占据了教师和学生大量时间,导致实践课程内容和时间上的缩减。学生学习了法条,却不知道如何运用法条处理具体的案件。人工智能的出现所带来的法学教育的分化将有助于化解这一矛盾,使学生和老师有更充分的时间和精力投身于实践能力的培养。另外,法律人承担着维护法治和社会正义的重任,这使法学教育不仅仅是技术教育,更是一种职业教育。法学教育要塑造学生的人格,要教

---

①　就此而言,凯文·艾希礼教授已经给出一份值得参考的教学大纲。参见凯文·艾希礼:《数字时代的法律实践:一份人工智能法学课程大纲》,《法治现代化研究》2019 年第 1 期,第 40—66 页。

授他们法律人应有的品格，敦促他们在未来成为一个合格的法律卫道士。这是我们当下法学教育所严重缺乏的教育维度。人工智能技术的到来，将能够解放教师加强这方面教学和培育。最后，人工智能时代的来临需要法学院提供新型的人才，这种新的就业需求将为法学教育带来新的机遇。技术和法律的结合意味着需要更多的经费和资源。在此基础上，我国本就羸弱的法学教育将得到更充分更全面的发展。

# 数字化时代法学教育高质量发展研究

冯　姣　周一桢①

**摘　要:**在全面依法治国背景下,法学教育高质量发展具有现实意义。随着数字化时代以及终身学习模式的来临,法学教育在教育手段、教育内容与教育目标方面均会发生深刻变革。面对数字化时代对法学教育带来的挑战,教育者应以开放的心态,运用数字化手段促进法学教育,并在法学教育中融入现代科技内容。

**关键词:**数字化;法学教育;高质量发展

## 一、法学教育高质量发展的现实意义

### (一)法学教育高质量发展的时代命题

(1)高质量发展的时代命题。2017 年,中国共产党第十九次全国代表大会首次提出"高质量发展"这样的表述,表明中国经济由高速增长阶段转向高质量发展阶段。高质量发展是发展经济学的核心概念。这是一种发展范式的重大转型,并影响到教育事业发展。从逻辑层面上看,教育高质量发展是整体社会高质量发展的题中应有之义。进入新时代以来,我国教育事业发展取得巨大成就。高质量的教育是教育现代化发展的内在要求,也是世界各国教育改革追求的共同目标。党的十九届五中全会做出了"十四五"期间"建设高质量教育体系"的重要部署。② 李克强总理在第十三届全国人民代表大会第四次会议上做政府工作报告时指出,要"发展更加公平更高质量的教育"。第十三届全国人大第四次会

---

① 冯姣,浙江财经大学法学院副教授、硕士生导师;周一桢,浙江财经大学法学院硕士研究生。
② 杨宗凯:《用好高质量教育支撑体系的"数字底座"》,法治网,2021 年 8 月 9 日,http://www.legaldaily.com.cn/Education_Channel/content/2021-08/09/content_8575606.html。

议通过《中华人民共和国国民经济和社会发展第十四个五年规划和 2035 年远景目标纲要》，专章部署"建设高质量教育体系"目标任务。

（2）数字化时代来临。2016 年《教育部关于中央部门所属高校深化教育教学改革的指导意见》中确立了使信息技术与教育教学深度融合的目标。改革开放以来，为培养更多法治人才，我国大学法学教育快速发展。[①] 近年来，智慧教育受到各国的重视和推广。2006 年 6 月，新加坡启动"智慧国 2015"国家科技发展计划，试图以教育信息化为契机使公民能够运用信息手段进行个性化和终身学习。2011 年 10 月，韩国教育科学技术部发布《推进智慧教育战略》，旨在进行智慧教育变革。2017 年 7 月，国务院出台《新一代人工智能发展规划》，其中明确重点任务之一是加快培养人工智能高端人才，形成"人工智能＋法学"的复合专业培养模式，实现人工智能与法学的学科交叉与融合。2018 年 4 月，教育部发布《高等学校人工智能创新行动计划》，教育部高等教育司印发《普通高校法学本科专业教学质量国家标准》，两个文件均进一步明确人工智能与法学学科教育的交叉融合，探索跨学科、跨专业交叉课程的创新与发展，[②]为法学教育与人工智能技术的深度融合提供了指导。2019 年 9 月，我国教育部等十一部门联合印发《关于促进在线教育健康发展的指导意见》，指出要促进互联网、大数据、人工智能等现代信息技术在教育领域的应用。[③] 由此可见，在互联网、人工智能的应用引导下，新时代法学专业人才培养中的跨学科和跨专业课程设置，是高校主动适应法治国家建设需求的积极举措，意义重大。

（3）新文科概念的提出。2018 年 10 月 17 日，教育部等部门在决定实施"六卓越一拔尖"计划 2.0 时，首次提出"新文科"概念，在基础学科拔尖学生培养计划中增加了心理学、管理学、法学、历史学等学科；2019 年 4 月 29 日，教育部、中央政法委、科技部等 13 个部门联合启动"六卓越一拔尖"计划 2.0，要求全面推进新文科建设，推动哲学社会科学与新科技革命交叉融合，培养新时代的哲学社会科学家；2020 年 11 月，新文科建设工作组召开新文科建设工作会议并发布《新文科建设宣言》。为完成《新文科建设宣言》提出的任务，实现"经管法助力治国理政"的目的，必须在充分尊重法学教育特点和法治人才成长规律的基础上，

---

① 朱继萍：《"互联网＋"时代法学教育改革的踌躇与抉择》，《法学教育研究》2018 年第 1 期，第 304 页。
② 张恩典：《人工智能时代法律职业的变迁与法学教育变革》，《法学教育研究》2020 年第 1 期，第 122 页。
③ 张海鹏：《智慧法学教育：数字化时代法学教育的革新》，《法学教育研究》2020 年第 2 期，第 100 页。

以"强化价值引领""促进专业优化""社会需求导向""实践培养人才"为基本遵循，[①]在新一轮科技革命中，通过创新发展实现法学教育的高质量发展。

### (二)法学教育高质量发展的作用

培养更多的法治人才，以适应未来数字化时代的深刻变革，实现全面依法治国，是法学教育的根本目的，也是其高质量发展的终极作用。

在党的十八大之后，习近平总书记提出了全面依法治国的新理念新思想新战略，并将全面依法治国纳入"四个全面"战略布局。提出法治是治国理政的基本方式，要发挥法治在国家治理和社会管理中的重要作用，在法治轨道上推进国家治理体系和治理能力现代化。强调法律是治国之重器，良法是善治之前提。坚持科学立法、严格执法、公正司法、全民守法。这一系列论述反映出习近平总书记对全面依法治国重要意义的深刻认识。[②]科学立法、严格执法与公正司法的全面实施都离不开优秀的法律人才，在此基础上司法公信力的提升也有助于全民守法的实现。坚持建设德才兼备高素质的法治工作队伍，离不开法学教育的高质量发展为各个法律部门输送法律人才，法治队伍的思想政治素质和专业素质直接影响到全面依法治国的效果。在全面依法治国的实践背景下，法学教育的高质量发展成为其中必不可少的一环。

## 二、数字革命对法学教育的冲击与影响

互联网、大数据不仅是一种工具，实质上也是一种生产方式的变革，进而使生活方式与思维方式均产生颠覆性的变化。就法学教育而言，它不仅仅是对传统教学模式的变革，其更深刻的意义在于对法学教育培养的人才和人才培养模式提出了全新的要求，迫使法学教育做出相应的变革，以适应数字化时代。

随着数字化时代的来临，教学地点的拓展决定了学习者学习时间的自由性，学习期将不断延长，工作、休闲生活将逐步融合，最终迎来终身教育。未来的终身教育宗旨是致力于学生人生的完善，在时间和空间两个维度上对现有教育资源进行整合。教育贯穿学习者一生。从空间上看，学习将与工作、生活情景高度

---

① 杨雅妮：《新文科建设背景下法学教育的变革》，《新文科教育研究》2021年第2期，第80页。
② 马怀德：《习近平法治思想的核心要义》，《人民法院报》2021年1月7日，第5版。

融合。① 2019 年 5 月，教育部部长陈宝生在国际人工智能与教育大会上指出，"智能技术对教育行业的渗透打破了传统教育系统的固有生态，使其开始向智能教育的新形态迈进"。总之，在数字化时代，法学教育手段与内容、学生的学习方式、教学目标等均会迎来巨变。②

## （一）数字革命对法学教育手段的影响

数字革命首先打破了教育物质手段的单一化。教育物质手段包括教育的活动场所与设施、教育媒体及教育辅助手段三大类。

教育场所的开放性对教育质量产生影响。数字革命打破了教育传统场所的局限，将教育的空间从单一的教室拓展到具备互联网媒介的各个角落，只要拥有互联网，学生就可以进行包括法学以内各类知识的学习。其在打破教学区域的局限时，也会对教师的教学质量产生一定影响。传统的集中面授教育方式，教师能够根据学生课堂的反应，及时调整教学进度与教学方案，确保学生对课堂知识内容的理解。与之相应的，学生对课堂上难以理解透彻的问题，也可以随时向教师反馈，保证问题解决的及时性。然而教育场所的拓展，使部分教学成为一种教师单方面输出知识的过程，而忽视了学生对知识的吸收与接纳程度。

教育媒体的不断更新对教师运用新型教育媒体提出了更高的要求。随着教育媒体的更新迭代，部分老教师难以快速熟练掌握各种教育媒体的应用，对教学质量产生一定影响。尤其是疫情期间，教师不得不进行网课这一形式教学，这对不熟悉互联网操作的年老教师是一大挑战。线下教学其仍可以通过传统手段进行，但是网课迫使其应用电子产品进行教学，通过网络平台批改作业，大大降低了教学效率。

## （二）数字革命对法学教育内容的影响

现行教育预设了这样的理念，教师对知识的掌握具有绝对的权威，他们的责任便是将自己掌握的知识传授于学生，让学生吸收教师掌握的知识即可。迄今为止，法学课程仍以传授基本概念、特点、原则等法律知识为主要内容。课堂教学中，绝大部分教师以讲解基本概念进而结合具体案例应用的方式进行教学，但此类案例均经过教育者的加工与简化，成为具有固定单一答案的虚拟问题。同

---

① 阿瑟·J.克罗普利、克里斯托弗·K.纳普尔：《高等教育与终身学习》，徐辉、陈晓菲译，华东师范大学出版社 2003 年版，第 39 页。

② 余耀军、高利红：《人工智能时代的法学教育变革》，《新文科教育研究》2021 年第 2 期，第 59 页。

时,在课程考试以及司法考试中,记忆性的题目占比较重。由此可知,目前法学教育中,学习者被假设成价值中立的人,仍以掌握成熟法律知识为主要目标,如此便很大程度上限制了学习者能力的开发、个性化素质的培养。

数字革命对法律知识的成熟性产生了巨大冲击,其稳定性逐渐削弱。固有法律知识简单易得,人工智能的出现使得社会加速变化发展,对法律规范本身以及法律规范的应用均提出了新的挑战。当前新问题不断涌现,面对未来人工智能的高速发展,仅仅掌握成熟固定的法律知识已经不足以应对未来的发展,更多的挑战将会来临,这对法学生应对新问题的能力要求越来越高。同时那些重复性、单纯记忆性的工作亦将被智能机器人代替。[1] 学校学习的固定知识根本不足以支撑学生一生的职业需要。

### (三)数字革命对法学教育目标的影响

教育目标的明确直接关系到高等法学教育培养人才质量。根据教育目标设定的不同,通常将高等教育分为素质教育与职业教育。前者注重对学生素质的全面培养,后者注重对知识和技能的传授。长期以来,法学教育呈现高度职业化的倾向,其过度强调对法律知识和技能的传授,而忽视了对人本身的教育和发展。[2] 其实,职业教育模式是一种典型的工业革命和工业文明时代的产物。"工业革命让我们对教育的想法就像一条生产线。"[3]在人工智能时代,以单一法律职业为导向的教育模式面临着深刻危机。在此背景下,教育部发布的《普通高等学校法学类本科专业教学质量国家标准》,将法学类专业定位为"素质教育和专业教育基础上的职业教育"。随着技术的高速发展,经验知识的重要性与日俱减,法学教育的核心目的在于能力培养。目前几乎所有的法学知识,包括理论资料、法律条文等都可以通过网络快速获取。教师不再是知识的唯一权威来源,并且面对不断革新且日益多元的知识现象,教师也难以成为知识的权威。随着人工智能对法律固有知识与技能的学习能力逐渐发展,尤其是机械式的法条、法律知识与案例检索等最终将被人工智能完全取代。因此,在数字化时代,教育的根本目标将是技能与智慧的培养,教会学生理智地思考和解决问题,培养学生终身学习的能力,而非知识的传授和讲解。

---

① 罗洪洋、李相龙:《智能司法中的伦理问题及其应对》,《政法论丛》2021年第1期,第151页。

② 张恩典:《人工智能时代法律职业的变迁与法学教育变革》,《法学教育研究》2020年第1期,第120页。

③ 尤瓦尔·赫拉利:《今日简史:人类命运大议题》,林俊宏译,中信出版社2018年版,第258页。

# 三、数字化时代法学教育高质量发展的现实路径

## （一）理念层面：以开放的心态应对可能的挑战

数字化时代对人类的生活与生产方式产生了翻天覆地的变化，这种变化是时代所趋，是社会发展中无法避免的。首先，应当以开放的心态接受挑战。必须承认数字化时代对法学教育的目标、手段以及内容层面的影响，面对这些影响与挑战，法学教育者应当在教学中努力发现问题，并以积极开放的态度接受挑战。其次，以开放的心态解决挑战。我们必须承认，我国人工智能水平相较于部分发达国家相对滞后。这些国家在数字化时代进程中领先于我们，因此在法学教育中比我们更早地遇到数字化带来的挑战，并不断探索新的法学教育模式。法学教育者应当以开放的心态学习国外法学教育模式，并结合中国国情，探索适合我国国情的法学教育模式。

## （二）手段层面：运用数字化手段促进法学教育

首先，教育环境智能化。当前法学教育场景仍以线下集中授课为主要形式。随着数字化在法学教育中的应用，学习环境与设施将会得到极大的拓展。在实体教室场景，人脸识别签到系统、3D显示"黑板"、遥控桌椅、机器人"助教"等智能设备将逐渐步入线下教室成为常见的教学媒介。此外，在虚拟教学场景，可利用数字化技术构建仿真实务训练平台，进行体验式教学和实践性训练。

其次，教育方式智能化。未来法学教育方式将呈现以下三个特征：第一，网络化学习。法学教学空间将从课堂延伸至网络学习空间，重塑新型教育形态。甚至有专家预言，未来几年内传统的实体法学院将会被网络法学院所替代。[①]第二，个性化学习。数字时代下，大数据技术将追踪每个学生的学习过程，并在此基础上进行数据分析，针对学生的多样性实施不同的教育方案，进而提高教育的效率与质量。第三，无边界学习。以网络化学习为基础，跨区域的协同学习已经逐步推进。推动优质大规模在线开放课程共享、不同类型高校小规模定制在线课程应用，数字化时代的法学教育将打破区域限制，呈现无边界格局，实现学

---

① 米歇尔·皮斯托：《法学院与技术——我们现在何处并将驶向何方》，周亚玲译，《法学教育研究》2016年第2期，第260页。

习内容、学习方式跨区域、跨国界的交叉融合。

### (三)内容层面:法学教育中融入现代科技内容

法学教育内容的设计应摒弃单一法律知识与技能的传输,以包容的态度,在教学内容方面实现法学与人工智能的融合。

在理论课程设计方面,开设与人工智能和大数据相关的前沿法学理论。如人工智能法律规制、自主驾驶技术规制、比较数据隐私、合规与运算、电子化法律调查、法律信息工程与技术等课程。在实务类课程设计方面,法学院校应当在原有课程的基础上增加一些其他课程,如机器学习、大数据分析以及编程语言等内容,培养学生的数字素养和 AI 应用意识。[1] 所谓数字素养,就是指在数字环境下利用一定的信息技术手段和方法,能够快速有效地发现并获取信息、评价信息、整合信息、交流信息的综合科学技能与文化素养。[2] 随着人工智能等信息技术的快速发展,数字素养将成为工作和生活的必备技能。在数字化时代,我们的生活与工作将时刻处在数据与信息的洪流之中,将与系统和机器一起工作。必要的数学、编码及计算机工程原理,有助于我们了解和认识各种数字化设备,是我们与他人,甚至机器沟通的前提条件。必要的数据素养让我们得以获取、筛选、理解和运用数据,从而能够从信息洪流中找到意义所在。因此,数字化时代,在法学教育内容中纳入人工智能相关前沿法学理论与现代数字素养培养课程,使受教育者不仅能够通过熟练使用人工智能技术提升法务工作的效率,更使有能力者直接参与法律人工智能技术编程,提升法律人工智能技术,真正拥有充足的复合型知识应对数字化的未来。[3]

---

[1] 郑文姣:《"人工智能+法律"复合型人才培养路径探究》,《教育教学论坛》2021 年第 26 期,第 183 页。

[2] 何立芳:《青年学者学术信息素养》,浙江大学出版社 2015 年版,第 13 页。

[3] 张海鹏:《智慧法学教育:数字化时代法学教育的革新》,《法学教育研究》2020 年第 2 期,第 100 页。

# 孔子教育思想在法学教育中的应用探析

王　俊①

**摘　要**：相较于苏格拉底"助产式"教学方法，孔子注重学思结合的"启发式"教学方法更加契合我国法学教育实际。基于教学内容上法学教育与孔子教育内容的天然契合性，加之其他学科教育中孔子教育思想被广泛应用的实践经验，使得孔子教育思想在法学教育中的应用具备可行性。"有教无类"与"因材施教"充分体现孔子注重学生主体性的教育理念。孔子教育方法在法学教育中的具体应用表现为："不愤不启，不悱不发"——启发式教学；"学而不思则罔，思而不学则殆"——学思结合；"学而时习之"——注重实践教学；"温故而知新"——培养创新思维。

**关键词**：孔子教育思想；法学教育；主体性；启发式教学

在中国的法学教育中，苏格拉底式教学方法时常被提及，②但是作为中国最伟大的教育思想家孔子的教学方法却鲜有人论及，这不得不说是一个遗憾。作为我国古代伟大的教育家，孔子所确立的教育思想事实上是一个综合的教育体系，其涵盖了教育目标、教育方法、教育对象、教育内容等多方面的内容，体现了孔子对于教育的独到见解，不仅推动了其所处时代的教育进步，其中的许多内容对于今天的教育同样产生了巨大的影响。即便是考虑到不同时代对待孔子的截然不同态度，③法学教育研究中的孔子教育思想的缺失依然是一种损失。笔者

---

① 王俊，浙江财经大学法学院讲师。

② 笔者以"苏格拉底式教学法 法学"为关键词，在中国知网上搜索到《苏格拉底式教学法在法学教学中的应用》《苏格拉底式教学法在法学教育中的应用》《简论法学教育中的苏格拉底式教学法》《试谈苏格拉底式教学法在法学课堂上的运用》《苏格拉底式教学法在法学双语教学中的运用》五篇公开发表论文。以"孔子教育思想"为关键词，在中国知网上搜索到463篇相关公开发表论文。但是，笔者以"孔子教育思想 法学"为关键词在中国知网上搜索，却没有发现任何公开发表的论文。

③ 正如郭齐家曾言："在我国历史上，凡乱世，孔子被打倒，遭到贬损；凡治世，孔子则被请回来，受到尊重。"参见郭齐家：《我们在新时代如何看待孔子和传统文化——再论孔子教育思想的价值和现实意义》，《教育史研究》2020年第2期，第11页。

尝试从方法论角度,将孔子的丰富教育思想融通于当今中国法学教育之中。

## 一、孔子教育思想应用于法学教育中的必要性和可行性

将孔子丰富教育思想应用于当今法学教育之中,无论从现实层面还是从理论层面,都是必要的。同时,基于教学内容上法学教育与孔子教育内容的天然契合性,加之其他学科教育中孔子教育思想被广泛应用的实践经验,使得这种尝试具备可行性。

### (一)孔子教育思想应用于法学教育中的必要性

1.从现实层面看,法学教育中注重孔子教育思想有鲜明的时代需求,也是法学教学实践的实际需要

首先,法学教育中注重孔子教育思想有着鲜明的时代需求。当今世界,各国之间综合国力竞争日趋激烈。文化在综合国力竞争中的地位和作用越来越突出。文化的力量,深深熔铸在民族的生命力、创造力和凝聚力之中,是综合国力的重要标志。国家的强盛离不开文化的支撑。中华优秀传统文化是中华民族的重要文化软实力,为中华民族发展提供强大的精神力量。只有把中华优秀传统文化更好地融入中国特色社会主义建设中,才能造就实现中国梦的强大文化力量。当前我国的社会生产力高速发展,尤其是经过信息革命后,人们的物质生活得到了极大的丰富,但与此同时人们的精神日益贫乏,社会化问题日益突出。究其原因,则是背后的"功利主义"在作祟。科技的发展为物质财富的积累创造了可能性,因此人们将大量的精力投入到对于物质性利益的追求上,导致二者之间的关系日益割裂。"法学"作为一门社会科学,难免被这种现象荼毒。在学科的学习、职业的规划甚至是日常的法律工作中,这样的"功利主义"直接导致法学不同学科方向及法律岗位出现"供不应求"与"无人问津"的天壤之别。更可怕的是,一旦这种现象无限泛滥,法律工作的立场将不再是社会正义,社会正义的底线将被突破。当前的法学教育迫切需要引入人文教育,改善人们精神贫瘠的现象。法律方法的教学固然是法学教育中必不可少的一部分,但更为重要的是对于学生法律人格的培养。孔子的教育思想中蕴含着丰富的人文情怀,其对于弟子的教化中大量体现了对于精神财富的推崇。孔子和其所开创的儒学教育影响了自古以来大量的有志之士。当前的法学教育如果能够扎根其中,汲取养分,无

疑可以解燃眉之急。

其次，我国长久以来形成的教学范式，使得孔子教育方法更加适合中国法学教育。一方面，我国基础教育中大量采用填鸭式教学范式，使得学生的学习思维模式僵化，造成学习法学的障碍；另一方面，在法学教育中盲目采用国外的教育方法，存在"水土不服"的现象。正如有学者指出的："苏格拉底法与孔子的教育方法相比，显然千篇一律，机械呆板，他不问对象、时间、地点，老是运用那一套问答，十分烦琐，且不能激发学生的主动性。与之形成鲜明对照的是，孔子教育方法的灵活，因材施教。"①中国社会正逐步转为一个法治社会，生活在社会中的人理应对法律有最基本的认识以便更好地适应社会；同时，也应当培养全方面法律人才以服务社会。因此，法学教育全面注重融合传统文化刻不容缓，需要更多"新鲜血液"的注入以提高法学教学的质量和效率。

2. 从理论层面看，孔子教育思想应用于法学教育中可以传承发展传统的文化思想

将传统的孔子教育思想引入现代法学教育中，不仅有利于利用孔子教育思想中的有益方面，推动法学教育发展，也有利于拓宽孔子教育思想的适用范围，促进孔子教育思想的更新发展、与时俱进。这种将传统文化与现代教育相结合的方式，既有利于在传统文化中找寻适合当代教育发展的知识经验，也有利于在现代教育中推进传统文化的应用发展。

法学教育与孔子教育思想的结合，可以将当前法律构建所基于的正义哲学基础纳入孔子教育思想当中，以帮助孔子教育思想"去伦理化"，更好地回归到教育的本质上。当前时代，我们所需要的正是孔子教育思想的"纯粹内核"，而非其外在的"伦理化躯体"。

习近平总书记强调："要推动传统文化创新性发展和创造性转化。"这意味着我们对于包括孔子思想在内的传统文化既不能原封不动地搬运，也不能完全摒弃。孔子的思想对于当前时代固然仍有进步意义，但其对于人性的束缚以及对于封建等级制度的维护成为近代以来"反孔"的重要原因，孔子的教育思想仍然是在"礼"的前提下展开的。另外，从其教学对象来看，妇女和奴隶都被排除在"有教无类"的范围之外，而其教育目标和教育内容中也蕴含着对于封建纲常伦理的维护，这些对于当前的时代背景而言无疑是落后的。

---

① 王岚：《孔子与苏格拉底教育思想之比较》，《鄂州大学学报》2000 年第 1 期，第 54 页。

## (二)孔子教育思想应用于法学教育中的可能性

1.从教学内容上看,法学教育与孔子教育思想有着天然的契合性

从教学内容上看,孔子开设六门课程,即礼、乐、射、御、书、数,同时将德育置于首位,注重人的综合发展。《论语》是我们学习孔子教育思想的重要渠道,其思想主要有三个既独立又相互依存的范畴:仁、礼、中庸。礼,即礼仪制度,是礼与法相结合的概念,是我国古代约束人与人之间关系的制度,其与现代法学的目的作用基本一致。点览全书,在孔子与其弟子的对话中,出现频率较高也最令人印象深刻的词语便是"君子",这体现了道德层面上的要求,而法律就是最低限度的道德要求。《论语》全篇立足于春秋时期礼仪制度的背景,在进行教育实践时仍然贯彻礼仪制度的要求。《论语》中的思想维度与法学教育相契合,因此在推行法学教育时引用孔子教育思想具有天然的适配性和契合性。

从教育目标来看,孔子主张培养一个具有仁爱之心、为人民大众谋福利的人,即"能'泛爱众'和'薄施于民而能济众'"。而这正是法学教育所要培养的人才。司法作为维护社会正义的最后防线,法官是对于社会冲突的最终裁定者,如果其失去了仁爱之心,颠倒了是非黑白,那么社会正义将荡然无存。而从律师工作的起源来看,最早的律师正是那些社会中少数精通法律的人,他们出于正义为那些被指控为违反法律的人发声,防止他们因为不精通法律无法为自己辩驳,而蒙受不白之冤。总之,无论从事什么样的法律工作,理想人格的塑造都是必不可少的。法律人格的塑造同样是法学教育中不可或缺的一环,这便与孔子教育思想不谋而合。

此外,虽然孔子教育教学的具体项目与法学教育不尽相同,但是其对于人综合全面发展的主张对于当前的法学教育来说无疑是有借鉴意义的。尽管当前法律工作强调"专而精",但不可否认的是,随着社会经济的高速发展,法律工作者面临的工作也日臻复杂,这不仅要求其能全面掌握各个部门法知识,更频繁提出了跨学科性的要求,例如知识产权法中蕴含着大量的理工科知识,刑法中规定的经济类犯罪等,这些都体现了法学在综合性全面发展上的价值趋向。同时我们应当意识到,孔子所主张的全面发展是主张有所侧重、分清主次的,这对于我们的法学教育工作来说同样值得借鉴。

2.从其他学科教育实践看,孔子教育思想已经被广泛应用,为孔子教育思想应用于法学教育提供借鉴经验

现当代对于孔子的研究从未停止且越来越深入,近年来国外孔子学院也发展兴盛,国内不同学科领域对于孔子教育思想的研究与实践持续精进。在我国现阶段教育中,以"知网"上各学者提出的孔子教育思想融入当代教育实践查询为例,就有音乐教育、礼仪教育、思想政治教育、职业教育等。

孔子的许多理念设计本身就有着丰富的哲学基础,体现了孔子对于理想人格的推崇,其教育思想所体现的价值观在很大程度上是与当前时代所推崇的核心价值观是一致的。因此孔子教育思想与当代教育之间存在着同质性,且被大量运用到当代的教育当中。例如,在孔子的教育思想中,他十分重视体育,将体育列入人才培养的重点内容,强调"勇"的重要性,即勇敢的思想、行为和技能,而这些都以强健的体魄为前提。他没有因此忽略德育和智育,认为三者之间是辩证关系,强调"君子有勇而无义则乱,小人有勇而无义为盗"。当前的教育在重视知识的同时,也注重体育锻炼,并没有走向另一个极端。在体育专业的学科建设中,固然强调训练的重要性,但也并没有厚此薄彼,忽略文化课程。此外,孔子本人对于音乐、美学等内容的独到见解也深深地影响了当代相关学科的建设。

从教育发展的大方向看,今天我们的改革无处不透露着孔子教育思想的精神内核:义务教育的普及,让更多孩子不再因为家庭条件的限制而无法入学,使得教育的大门向每个人平等地敞开,真正做到"有教无类";高考制度的改革,允许学生选考科目,更好地适应了学生的兴趣和个性化需求,真正体现了"因材施教";此外,在考试科目的设置上不再采用单一文化课的形式,而是纳入体育、音乐、美术等内容;在人才的选拔模式上,文化课成绩排名不再是唯一的选拔方式。这些都体现了当前教育对于全面发展的鼓励。

上述孔子教育思想已经被广泛应用于其他学科教育的成功实践,为孔子教育思想应用于法学教育提供了充分的借鉴经验和指引。

## 二、孔子教育理念对法学教育的指引

"教育哲学就是关于教育的性质、内容、方法、功能、目的、教育者和被教育者

应该是什么人,以及教育者与被教育者的关系等问题的认识和论说。"①孔子教育理念充分反映在其教育的主体性思想上。虽然"苏格拉底式"的教学方法和孔子的教学方法都采用师生问答的形式,都强调学生的主观能动性,但是相较于苏格拉底"助产式"教学方法的"咄咄逼人",孔子注重学思结合的"启发式"教学方法使得学生更有主体感,更加契合我国法学教育实际。正如诺贝尔奖得主李远哲博士所说:"孔夫子深深体认到教育的主体是学习的学生,学生的学习远比老师的教学更重要,所以他对学生的指点与启发也有很深入的看法。"②笔者认为,"有教无类"与"因材施教"最能体现孔子注重学生主体性的教育理念。

## (一)"有教无类"

"有教无类"的思想出自《孔子·卫灵公》,即不分贵族与平民,不分华夏与狄夷都可以接受教育,③这对于当时教育被贵族阶级垄断的情况无疑是具有革命性意义的。"有教无类"提出不分高低贵贱,不管什么人都可以受到教育。一般认为,孔子有教无类的思想主要包括两层含义:一层即表示教育的对象没有高低贵贱之分,任何人都能接受教育;另一层即指孔子当时的行为开创了私学教育,打破了平民不能接受教育的局面,使得人开始开智开化。

今天我们的法学教育虽然已经不再是被某一个特定的阶层所垄断,但是我们也应当意识到当前这样的垄断情况仍然没有被消除。这一方面体现在当前教育制度的设计和安排上,法学作为一门专业性的学科,其教学主要集中在大学的课堂上,固然社会中存在着大量法律类培训机构,但是相较于大学课堂全方位培养法律人才的模式而言,这些社会类的机构,往往更容易表现出"重技巧而轻理论""重视热门科目而轻视冷门科目"的现象,因此其并不能完全替代大学教育的作用。当前我国人口的本科率在 5% 左右,全国每一届高中毕业生的本科率不到 50%,这就意味着大部分人事实上没有机会选择是否将法学作为自己的培养方向。此外,即使是在本科大学之中,法律教育资源都被集中投到了"五院四系"和部分"985""211"大学之中。当前,类似于"慕课"形式的网络公开课逐步开始普及,意味着法学教育的壁垒被试图打破,但是这些网络公开课往往存在着课时较短、知识讲授较浅、视频制作质量不高等问题。如何进一步探索出新的模式,

---

① 陈国华:《对孔子教育哲学五个基本理念的重新解读与英译》,《中国翻译》2013 年第 6 期,第 50 页。
② 李远哲:《中国文化与教育》,《明报》1999 年 10 月 2 日,第 3 版。
③ 何克抗:《当代教育改革路在何方——孔子教育思想给我们的警示》,《电化教育研究》2006 年第 10 期,第 5 页。

真正做到"有教无类"仍然是一个值得思考的问题。

此外，法学教育除了存在进入门槛外，还存在着所谓的"入门门槛"，而这事实上也是大量高等教育学科中普遍存在的现象。几乎没有人可以否认法学学习的难度，法学中存在着大量的专业性词汇，庞杂的法律体系对于人的记忆力和逻辑思维能力都是一个极大的考验。更为重要的是，人们长期以来习惯性地运用道德规范作为评价准则，法学的学习则意味着改弦更张，如何将道德现象归纳为法律现象，如何更改长期以来的思维模式，这都是摆在每个法律初学者面前的门槛。这不仅是对于学生天赋的考验，更为重要的是对于法学教师提出了新的要求，能否正视这一现象，面对迟迟无法入门的学生能否保持耐心及循循善诱，这直接成为衡量一名教师是否合格的重要标准。我国高等教育长期采用"精英化教育"，将大量的教育资源投入到部分"尖子生"中，从而导致学生之间出现教育需求与供给被日益割裂的现象。虽然这一模式对于培养尖端人才有益，但是我们也应当认识到"培养人才"与"教育平等"之间并不是厚此薄彼的关系，尤其是大学教育，更加不能提前筛选人才，将学生进行人为划分。

法学教育最应当注重公平正义，不能人为设置各类障碍，否则对于经历了层层选拔进入这个专业的人来说，前期的所有努力就被否定，在一个最要求公平正义的地方行不公平不正义之事，显然不可取。不论高低贵贱，既然满足专业录取的条件，只要交了学费，便不应当受到区别对待。对于学习目的和从业目标与一般法学生不同之人也不应当进行区别对待。公平正义为其一，认识的不断发展为其二，法治社会的需要为其三。人的认识是在不断发展的，此刻的想法并不一定代表最后的想法。此外，当今是法治社会，如果大众不懂法、不尊法，那么法律的推行实施就会成为一纸空谈。接受了法学教育，不论以后是否从事法律事务，都至少能够提升自我的法律素养，潜移默化地影响身边之人。为了促进社会公平正义，正确发挥法律作用，建设和谐法治社会，需要推进法学教育对象全面化。

## （二）"因材施教"

"因材施教"是指教师要从学生的实际情况、个性差异出发，有的放矢地进行有差别的教学，使得每个学生都能扬长避短获得最佳发展。面对同一问题，对于子路和冉有却有不同建议，这是因为孔子对于弟子的个性十分清楚，每个人存在什么缺陷、有什么长处、适合做什么都能够说得清清楚楚且有理有据。"因材施教"的教育思想，体现的是孔子对于学生个性化的重视，强调教育不能千篇一律，必须根据学生的差异有针对性地开展教学。

在法学教育的门槛面前,学生之间的天赋是不一样的,生活阅历、思维习惯等各项因素都会导致学生入门的时间存在先后,掌握的程度存在深浅,这也正是法学教育所必须重视的差异。作为"传道授业解惑"的法学导师,有针对性地对不同学生采取不同的教育方式是能否将学生带入法律大门的关键。这一方面考验着教师自身专业知识和教学经验,只有其自身能够将相关法律问题融会贯通,才能采用各种灵活的方式针对学生的疑惑进行讲解。更为重要的是,教师必须真正了解学生自身的个性化特点,这是开展一切教育工作的前提,因此必须要加强教师与学生之间的互动。这不仅体现在课堂上,在课后这样的良性互动也是必不可少的。只有这样,教师才会真的理解学生存在的疑惑究竟是什么,从而更加有针对性地结合学生的特点进行言传身教。

除了上述这一层含义外,"因材施教"思想对于法学教育的指引还有更深层次的含义。法学是一个庞杂的部门法体系,不同部门法之间固然存在着许多共同之处,但是在法律方法、指导原则、法律关系构建等各种问题上仍然存在着大量的差异。本科法学教育强调的是学生对于不同学科部门的基础性知识掌握,强调"浅而全",其更加注重对于学生法学基础素养的培训,但到了硕士、博士甚至未来的执业过程中,则必须进行"专而精"的培养模式,这不仅是面对部门法差异和个人能力限制的无奈之举,更为重要的是为了应对法律实务过程中日益复杂的现实难题。孔子强调学习的三种阶段,即"知之、好之、乐之"。就本科教育而言,教师应当对于学生兴趣进行适当的引导,注重课堂趣味性,培养学生的兴趣,引导学生提前对于其所感兴趣的科目展开相关学习,"专业化培养模式"的提前展开事实上也是时代所驱。

现阶段法学教育如果对所有人都设立一个标准进行"一刀切"显然是不切实际的,即便选择了法学专业,自身所想要从事的职业和感兴趣的专业仍然有所区分,对于律师和检察官、法官,显然是不同的培养模式;主攻民商与主攻刑法自然也是区别很大;对于选择法学专业却不想在这个领域有所发展之人的要求,显然也不能等同于想要进行法学研究或是进行法学实践之人;诸如此类,不胜枚举。因此,不论是从法学教育的目的还是可能性来说,都需要因材施教,提升法学教育的有效性。

## 三、孔子教育方法在法学教育中的具体应用

孔子教育方法在法学教育中的具体应用,表现为:"不愤不启,不悱不

发"——启发式教学；"学而不思则罔，思而不学则殆"——学思结合；"学而时习之"——注重实践教学；"温故而知新"——培养创新思维。

## （一）"不愤不启，不悱不发"——启发式教学

所谓"不愤不启，不悱不发"，指的是学生如果不是经过冥思苦想而想不通时，就不去启发他；如果不是经过思考并有所体会，想说却说不出来时，就不去开导他。这种教育方法强调先让学生有自我思考的过程，而不是一股脑填鸭式地将所有知识都教给学生。孔子强调"愤"和"悱"是教师可以引导学生学习的关键环节，其中"愤"是指学生在对于某一个问题进行深入思考时，急于解决却无法厘清头绪的矛盾心理状态；而"悱"则是指学生对于一个问题深入思考却仍然百思不得其解。

法学学科建立在复杂的哲学基础之上，知识点之间环环相扣，强调逻辑思维的推导，同时往往容易陷入循环论证的旋涡当中，"悱"和"愤"的现象在法学的学习过程中是再正常不过的现象。奥苏贝尔所主张的"有意义接受学习"理论可以给我们的法学教育工作者一定的启发，他强调教师在教学的过程中要努力帮助学生在新概念、新知识与其原有的认知结构建立起某种联系。法学的教育过程中，仅针对单一问题做出解答事实上是很难做到的，因为法律知识间往往是牵一发而动全身的关系，任何一个知识的推导都依赖于其他大量知识的铺垫；当然单一知识的解答也是没有任何意义的，关键在于将其置于体系之中，了解相关问题的体系地位，从而构建起逻辑体系。对于教师而言，启发式教育的关键在于帮助学生构建逻辑体系，并引导学生将所学的新知识纳入已经构建的体系当中。

此外，相较于机械的理论灌输，通过例子进行讲解无疑是具有启发性的。法律规范以文字作为载体，文字的局限性常常导致学生在其面前面面相觑；如果可以引入相关例子，让学生在具体的实例中了解到相关规范的具体表述，无疑可以更加生动形象地展现其背后的法理。合适的例子既要求法律关系清晰明确，又要求可以准确解释某一法律问题，这对教师提出了一个新的考验。法学教育中这种启发式教学显得尤为重要。因为法学教育的目的并不是读法条背法条，法条的修订与更新也不是简单地进行某些词汇的替换和句式的变更，法律的学习本身是存在一定门槛的，这并不是说法律对于某些人不开放，而是说对于法律的理解并不只是识字这样简单，这也是当下需要推行法学教育的原因之一。填鸭式教育固然能够使人对于法律有一定的了解，然而这种教学方式就注定它只能应付一时，忽略重点的教育也会让学习的人抓不住重点，加深不了记忆。

启发式教学正是强调根据学生实际调整教学计划,让学生先行思考,在经历冥思苦想却不能时,才对其进行启发。它充分发挥了学生学习的主观能动性,让学生在法学教育中更加积极主动。有了冥思苦想的过程,就加深了记忆,对于法学教育的目的理解也更为透彻。

## (二)"学而不思则罔,思而不学则殆"——学思结合

"学而不思则罔,思而不学则殆"是孔子所提倡的一种读书及学习方法,指的是只读书却不思考就会不能理解而产生迷茫,只思考却不读书就是沙上建塔一无所得,告诫我们要将学习与思考相联系,才能学到切实有用的知识,否则就会收效甚微。事实上,启发式教学和学思结合是一个问题的两个侧面,启发式教学侧重于从教师的层面分析问题,而学思结合则对于学生自身的学习方法提出了新的要求。对于法学教育而言,学的过程是一个学生和老师之间的互动,教师如何引导学生学习固然重要,但是学生课后的自学同样十分重要,大学课堂受到课时的限制,对于很多问题只能简单介绍,如果仅仅依靠课堂所学内容试图掌握庞杂的知识体系无疑是异想天开。法律学习的过程也是一个"学—思—学"不断循环的过程,学习是思考的前提,只有经过系统性学习,掌握一定知识后的思考才是符合法律逻辑的,具有法律意义;同时思考又会引导进一步的学习,只有经过思考产生自己对于一些法律问题存在的困惑,才能更有针对性地选择下一步学习的方向和重心。法学学科有大量的教科书,每本教科书动辄几百页甚至上千页,企图将每一本书进行通读无异于天方夜谭。"提出问题,有针对性地选择参考书籍",这可以大大地提高学习的效率。

对于法学教育而言,引导学生"学"固然重要,但更为关键的是要引导学生思考。在法学教育过程中,要善于向学生发问,引导学生讨论,同时切忌对于法律问题给出唯一的"标准答案"。此外,要善于帮助学生解决问题,引导学生选择合适有效的参考资料。"学思结合"固然是对于学生学习的要求,但也不能忽视教师在其中所起到的关键作用。

在法学教育中引导学生"学思结合"尤为重要。其一,若是"学而不思",那么就是机械地接受一些知识却不去理解,对于知识处于一知半解的程度,这种程度下既有可能因为不理解而加速遗忘,一直处于学法忘法的过程,学习没有效率,也有可能因为一直不思考即便偶然触犯了正在学习的法而不自知显得学法极为可笑;其二,若是"思而不学",那么就是不根据我国法律实际而自己空想,脑内处于一片空茫的无知或是一片无知的惧怕,或是违法犯罪却不自知或是并未触犯

法律却终日惶惶。

### （三）"学而时习之"——注重实践教学

"学而时习之"指的是学习需要时常复习温习，其中"习"字既包括文字意义的复习，也包括实践意义的实习。这里的实践包含两层含义，一层就是通过实践巩固学习加深记忆，另一层就是通过实践来检验学习与书本的正确性。

法学教育也需要如此。法学教育的目的是更好地适应法治社会的需要，培养高素质的法律人才，因而我们学习法律的本质是为了实践的需要。而实践本身就是更好的学习手段。通过法律实践，我们能够对于实践中所需要的法律知识进行自我整理和重点归纳，既有利于对法律知识的加深巩固，也有利于为日后实践奠定基础。

法律作为一项应用型学科，掌握法律知识并不是法律学习的最终目的，如何更好地服务法律实践，是法学教育所面临的首要问题。法学理论的学习掌握固然重要，但一旦脱离了实际，就无异于"纸上谈兵"。在当前法学教育的考核模式下，学生往往只看重对于法律规定的背诵，按照考点划分的方式，背诵记忆"性质、特点、定义"等内容，却忽略了这些法律规定背后的逻辑，这就导致大量"成绩优异"的学生在面对复杂的案件时一筹莫展。这既是对于法学方法不重视、不精通所导致的，也是法学教育脱离实践的结果。面对这种现象，法律资格考试不断进行改革，设问的形式越来越注重案例分析，这固然增加了法律资格考试题目的难度，但却可以更好地逼迫学生提前进行"面向实践"的学习，从而大大提高未来执业时的生存能力。但法律资格考试背后所暴露出的问题，我们往往也不容忽视。一方面因为考试（尤其是客观题考试）自身的性质决定很多问题必须只能有一个标准答案，这就导致在实践的过程中当法律工作者（尤其是律师）立场与标准答案不相符时，其不知道如何为自己这一方进行辩驳；另一方面，考试往往站在"上帝"视角分析问题，其推理的小前提是清晰明确的，这就导致学生只具有法官思维，却忽略了发现事实真相、利用证据的重要性。

故此，在大学教育中，引入"模拟法庭""辩论赛"等各种贴合实践情况的活动也是十分重要的。这些活动在当前的大学教育中不受重视，往往采取课余活动的方式展开，这就导致许多学生一直到毕业都未参与类似的活动，从而当自己面对真实案件时显得手足无措。此外，相关活动不够严谨认真、内容题材脱离法律实践，甚至完全按照剧本表演的情况仍然时有发生，这些现象的出现背离了开展这些活动的初衷，也无法真正发挥其应有的作用。

所以当前对于法学教育改革的一大方向,是要更好地结合实践进行教学,对于学科教育,事实上可以将"模拟法庭""辩论赛"等方式纳入教学课堂的考核之中。教师可以为学生设计相关主题,划定指定情景,并尽可能使这些活动符合实际情况,引导学生利用在课堂上所学到的知识解决法律实践中所面临的问题。

### (四)"温故而知新"——培养创新思维

"温故而知新"是指温习学过的知识从中获得新的理解与体会,也指通过回味历史预见以及解决未来的问题,即注重创新思维。

法学作为社会科学,其不像自然科学一样,在许多问题上存在着标准答案。正如张明楷教授在其所著的《刑法学》前言中所说:"刑法学虽然是我的精神乐园,但我从未对自己的解释心满意足、如痴似醉,而会对相反观点洗耳恭听、神醉心往。"[1]法学的教育不是一个寻找标准答案的过程,也不是一个单方面知识传授的过程,"真理是越辩越明的"。在法学教育的课堂上,教师不仅不应当排斥学生有不同观点的出现,相反应当鼓励、引导学生提出不一样的观点。许多学生由于性格内向以及长期以来的学习习惯,不敢挑战老师的"权威",害怕不一样的声音被其他人嘲笑。教师需要采用"讨论式"而非"传输式"的教育方式,在教学的过程中尤其要注意观点展示,将理论上针对某一问题的主流观点向学生予以介绍,引导学生思考不同理论的优劣。同时对于学生提出的新的观点,即使其看上去有些无厘头,也不能一味地进行否定,要认真聆听学生产生此观点的理由,帮助其分析该观点。在法学的教育中,"老师与学生"的关系不是绝对的,与学生讨论的过程对于教师而言常常也是有所助益的。

作为学生而言,要改变过去"循规蹈矩"的做法,不能迷信书本、老师的权威,要明白"吾爱吾师,但吾更爱真理"。当然,创新性思维并不意味着天马行空。创新性思维必须遵循法律逻辑,符合法律所追求的价值目标,因此创新性思维的前提同样是需要经过大量的学习和思考。从这个意义上说,孔子所主张的多种教学方法之间,事实上是互通有无、彼此关联的关系。

在法学界有这样一句话,法律总是落后于时代要求。因此,在法学教育中融入"温故而知新"的教育理念显得格外有意义。教师在教学过程中能够看到现在所行法律、所用教材的局限,法律从业者在实践过程中能够看到现行法律在实践时产生的漏洞并进行填补。在法学教育层面推进"温故而知新",是为了培养出

---

①　张明楷:《刑法学》(第六版),法律出版社 2021 年版,"前言"。

能够在未来实践中注重创新思维的法律人才，以最大限度地推进法律规制与完善，维护社会秩序。

# 四、结　语

　　孔子教育思想作为一个丰富的教育体系，蕴含了大量的人文精神，在价值导向上与今天的法学教育大致趋同。国内的法学发展起步相对较晚，在法学教育的改革中借鉴参考国外的经验是必不可少的，但影响了中国历史几千年的孔子儒家思想中同样存在着大量值得借鉴吸收的内容。"必须一方面吸收输入外来之学说，一方面不忘本来民族之地位"。[①] 对于当前法学教育中所暴露出的问题，孔子教育思想确实是一剂容易被忽略的良方，如果对之加以合理吸收利用，一些法学教育的痛点问题就可以得到一定程度的解决。同时，法学教育既离不开老师的引领，同样学生自己的探索过程也至关重要。从这个意义上说，学生和老师都是法学教育过程中不可或缺的角色。对于法学教育中的参与者而言，在对待孔子教育思想的态度上，应当取其精华去其糟粕；但如何对其进行推陈出新，仍然是摆在每个教育者和学习者面前的难题。

---

　　① 陈寅恪：《冯友兰〈中国哲学史〉下册审查报告》，《陈寅恪集·金明馆丛稿二编》，生活·读书·新知三联书店 2011 年版，第 284—285 页。

第二编　教学范式与方法

# 宪法学课堂教学的新要求

## ——以"马工程"《宪法学》教材的修订为切入①

唐 勇②

**摘 要**:根据教育部和中宣部规范性文件的要求,浙江财经大学法学专业宪法学的课堂教学一直采用"马工程"教材。2020年12月,"马工程"《宪法学》教材完成系统全面的修订,明确马克思主义的指导地位,强调坚持中国共产党的领导,增加"宪法关系和宪法规范"知识点,增加第五次《宪法》修改的相关内容,特别行政区制度独立成章,删减大量概述性的内容。教材的修订对宪法学课堂教学在落实课程思政、调整授课进度、取舍西方知识三个方面提出了新要求,授课教师应当及时回应,不断提升教学质量。

**关键词**:"马工程";宪法学;课堂教学

各高校把使用"马克思主义理论研究和建设工程"(以下简称"马工程")重点教材统一纳入专业人才培养方案和相关课程教学计划,是教育部和中宣部出台的规范性文件的基本要求。2012年9月,浙江省高等教育师资培训中心举办"马工程"教材《宪法学》省级培训班。嗣后,浙江财经大学法学专业《宪法学》的课堂教学便一直采用该教材。2020年12月,对该教材进行了修订。本文拟从修订的内容出发,讨论新版教材对《宪法学》课堂教学的新要求。

## 一、"马工程"《宪法学》教材的诞生与统一使用

2004年1月,中共中央发布《关于进一步繁荣发展哲学社会科学的意见》,认识到"哲学社会科学基础理论研究,特别是反映当代马克思主义最新成果的理

---

① 本文系2020年校级课程思政建设项目"公法原理及判例研究"(20KCSZ010)的阶段性成果。

② 唐勇,法学博士,浙江财经大学法学院副院长,副教授,硕士生导师。

论研究和教材及学科建设亟待加强"，提出实施"马克思主义理论研究和建设工程"。2005 年 5 月，中宣部和教育部印发《关于加强和改进高等学校哲学社会科学学科体系与教材体系建设的意见》（教高〔2005〕6 号），要求"根据中央实施马克思主义理论研究和建设工程的战略部署和总体要求，全面开展高等学校哲学社会科学重点教材建设工作，力争用 7 年左右的时间，有目的、有组织、有计划地编写 150 种左右，基本覆盖哲学、政治经济学、科学社会主义、中共党史以及政治学、社会学、法学、历史学、新闻学、文学、艺术、教育学、管理学等学科专业的基础理论课程和专业主干课程教材"。

在此背景下，由许崇德、韩大元、李林任首席专家，王磊、刘茂林、任进等 11 位专家任主要成员的教材编写课题组编写了 30 万字的"马工程"《宪法学》教材，并于 2011 年 11 月出版。① 该教材在后记中记载，"在编写过程中，得到了马克思主义理论研究和建设工程咨询委员会的指导，得到了中央有关部门和有关专家学者的帮助和支持。同时，广泛听取了高校宪法学课程教师和大学生的意见和建议"。除导论外，该教材包含宪法学基本原理、宪法的历史发展、宪法的指导思想和基本原则、国家性质与国家形式、国家基本制度、公民的基本权利与义务、国家机构、宪法实施的监督等八章。与以往的"国家级规划教材"相比，"马工程"《宪法学》教材还是有鲜明特色的。以宪法的基本原则为例，"面向 21 世纪课程教材"的《宪法》认为，"宪法的基本原则主要有人民主权原则、基本人权原则、权力制约原则和法治原则，这四大基本原则构成宪法内在精神的统一体"②。"21 世纪法学系列教材"的《宪法》"结合世界各国宪法和宪政的理论与实践"认为，宪法的基本原则包括人民主权原则、基本人权原则、法治原则、权力制约原则或民主集中制原则。③ "马工程"的《宪法学》则列举了 6 项基本原则，具体是坚持中国共产党的领导原则、一切权力属于人民原则、尊重和保障人权原则、民主集中制原则、权力监督与制约原则、法治原则。由此可见，"马工程"《宪法学》较以往的教材更加注重中国语境，不仅使用的是"我国宪法的基本原则"标题，还特别指出："我国宪法基本原则也随着中国特色社会主义理论和实践的发展而不断丰富和发展。"④

2013 年 9 月，教育部和中宣部联合下发《关于高校哲学社会科学相关专业

---

① 《宪法学》编写组编：《宪法学》，高等教育出版社、人民出版社 2011 年版。
② 周叶中主编：《宪法》，高等教育出版社 2016 年版，第 82 页。
③ 许崇德主编：《宪法》，中国人民大学出版社 2009 年版，第 24—25 页。
④ 《宪法学》编写组编：《宪法学》，高等教育出版社、人民出版社 2011 年版，第 95 页。

统一使用马克思主义理论研究与建设工程重点教材的通知》（教高函〔2013〕12号），要求"各地各高校一定要从坚持和发展中国特色社会主义的高度，把思想认识统一到中央要求上来，进一步增强责任感和使命感，把在高校哲学社会科学相关专业统一使用工程重点教材工作真正落到实处"。2015 年 1 月，教育部办公厅发布《关于开展马克思主义理论研究和建设工程重点教材使用情况调研的通知》（教社科厅函〔2015〕1 号），对高校哲学社会科学相关专业领域已出版 27 种"马工程"重点教材使用情况开展全面调研，要求所有高校填写《27 种已出版马工程重点教材使用情况统计表》和《27 种已出版马工程重点教材使用相关情况一览表》，确保无遗漏。根据教育部规范性文件的要求，"马工程"《宪法学》成为高等教育法学专业本科阶段的指定教材。浙江财经大学自 2012 年浙江省高等教育师资培训中心举办"马工程"教材《宪法学》省级培训班后一直将此教材作为本科生宪法学课堂教学的指定教材，同时在法律硕士（非法学）专业的宪法学课程的课堂教学中推广使用。

## 二、"马工程"《宪法学》教材的修订内容

2018 年 3 月 11 日，十三届全国人大一次会议通过了《中华人民共和国宪法修正案》。2020 年 12 月，由胡云腾、胡锦光、李林任首席专家，王禹、王磊、任进等 9 位专家任主要成员的教材修订课题组修订出版了"马工程"《宪法学》教材的第二版。[①] 第二版后记指出："组织全面修订马克思主义理论研究和建设工程重点教材，是推动习近平新时代中国特色社会主义思想和党的十九大精神进教材、进课堂、进头脑的重要举措。"这次全面修订将教材的总字数从 30 万字增加到39 万字，更在内容上做了一系列重大调整，具体体现在下述几个方面。

第一，明确马克思主义的指导地位。"马克思主义是我们立党立国的根本指导思想，是我们党的灵魂和旗帜。"[②]"马工程"《宪法学》教材的修订版进一步凸显马克思主义的指导地位，注重用马克思主义基本原理来分析解释宪法现象和宪法问题。例如，在"宪法学的分类"（导论第三节）中，第一版教材详细介绍近代宪法学与现代宪法学、实质宪法学与形式宪法学、马克思主义宪法学与资产阶级宪法学三种分类体系；第二版教材将马克思主义宪法学与资产阶级宪法学的分

---

① 《宪法学》编写组编：《宪法学》（第二版），高等教育出版社、人民出版社 2020 年版。
② 习近平：《在庆祝中国共产党成立 100 周年大会上的讲话》（2021 年 7 月 1 日），《人民日报》2021年 7 月 2 日，第 2 版。

类提前至第一种分类，第二种分类以"其他分类"为标题，介绍了近代宪法学、现代宪法学与当代宪法学一种分类体系。再如，在"国家机构基本原理"（第七章第一节）中，第二版教材在第一版的基础上增加了国家机构起源的知识点，从马克思主义国家学说的角度讨论了国家机构随着国家的产生而产生的问题，特别是运用阶级分析的方法来揭示国家机构所反映的阶级目的。

第二，强调坚持中国共产党的领导。"中国共产党领导是中国特色社会主义最本质的特征。"在"宪法基本原则"（第三章第二节）中，第一版教材用了1个页面的篇幅阐述坚持中国共产党的领导原则；第二版教材则扩充到2.5个页面，从历史、现实和未来三个维度，详细分析坚持中国共产党领导的重要性。强调"全国各族人民、一切国家机关和武装力量、各政党和各社会团体、各企业事业组织，都必须以宪法为根本活动准则，严格遵守和实施宪法，毫不动摇地坚持中国共产党的领导"。

第三，增加"宪法关系和宪法规范"。第一版教材没有专门讨论宪法关系和宪法规范，这是一个明显的知识点缺失。因为用特定的法律规范调整相应的社会关系，进而形成特定的法律关系是划分部门法的基础，也是证明某个部门法独立存在的标志。宪法在中国特色社会主义法律体系中占据一席之地，必须要有相应的宪法关系和宪法规范为支撑。第二版教材按照法理学的一般说理方式，在"宪法总论"（第一章）中增加了"宪法关系和宪法规范"（第四节）。

第四，增加第五次《宪法》修改的相关内容。新时代特别是党的十九大以来确定的重大理论观点和重大方针政策，以及党和国家事业发展的新成就、新经验、新要求，在2018年第五次修宪中得到全面体现。这是全面修改"马工程"《宪法学》教材的直接动因。例如，在"国家基本制度"（第五章）中，增加了"生态文明制度"（第五节）；在"国家机构"（第七章）中，增加了"监察委员会"（第八节）。再如，在"中华人民共和国宪法的产生和发展"（第二章第三节）中，详细介绍了2018年宪法修改的过程与修改的条款，而整本教材涉及的细节也做了相应的修改。当然，这些修宪带来的知识点更新，已经通过修改课件、提醒学生、解读《宪法》文本等方式，在日常授课过程中予以解决。

第五，特别行政区制度独立成章。第一版教材将"特别行政区政权机关"作为"国家机构"中的一节（第九节）。第二版教材将特别行政区制度扩充为独立的一章（第八章），增加的内容有中国香港问题和中国澳门问题解决的过程、特别行政区的宪制基础、特别行政区的法律地位等。在中央对特别行政区行使的权力方面，第一版教材只是简单列举，第二版教材对每一项权力进行细致阐述，增加了《香港特别行政区维护国家安全法》《关于香港特别行政区立法会议员资格问题的决定》等相关内容。

第六，删减大量概述性的内容。相较于第一版，第二版教材删减了几乎大量"概述"字样的内容。例如，在"国家基本制度"（第五章）中，第一版教材在阐述经济制度、政治制度、文化制度和社会制度时，都有相应的"概述"内容（第三级标题）。第二版教材不再保留"概述"标题，而是分别删减为1—3个自然段的引言。同时，第四级标题的"概述"内容也做了大量删除。例如，在"政治制度"中，第一版教材在阐述"中国共产党领导的多党合作和政治协商制度"时，以"政党制度概述"切入，第二版教材将"政党制度概述"的内容全部删除。这些删除的内容，大多是从比较宪法学的角度提炼宪法相关制度的沿革和类型。

除了上述显著的修订内容外，第二版教材在结构编排上也有细微的修改。例如，第一版教材"国家标志"（第四章第三节）独立成节，第二版教材将其作为"国家形式"（第四章第二节）的一目；第一版教材中的"人民法院和人民检察院"（第七章第八节）在第二版教材中进行拆分（第七章第九节和第十节）。诸如此类的调整在内容上变化不大，不再细述。

## 三、"马工程"《宪法学》教材修订对课堂教学的要求

"马工程"《宪法学》教材修订本身，并非本文讨论的主题。[①] 第二版教材的出版问世，意味着2021级本科生和法律硕士（非法学）研究生的宪法学课堂教学将使用新版本的教材。换句话说，"马工程"《宪法学》教材的修订，将对宪法学课程的大纲修订、课件完善、授课安排、考查要点、命题范围等整个教学过程提出新的要求，宪法学授课教师必须予以积极准备。本文认为，"马工程"《宪法学》教材的修订，对宪法学课堂教学提出了下述三个方面的新要求。

### （一）落实课程思政方面的要求

我国的课程思政源自上海学校思想政治教育（德育）课程改革对全课程育人的探索，倡导以"知识传授与价值引领相结合"为课程目标，将学科资源、学术资

---

① 在笔者看来，第二版教材的修订不全然完美。例如，第一版教材每章开篇都有一个自然段引言性质的文字，全书体例颇为一致。第二版教材增加的第八章（"一国两制"与特别行政区制度），在章标题和第一节之间并无引言性质的文字存在，至少在体例上是一个瑕疵。

源转化为育人资源，推动"思政课程"向"课程思政"的立体化育人转型。① 课程思政被认为是改进和加强高校思想政治工作的需要，对于落实教书育人的主体责任，确保全员、全过程、全方位育人要求的实现具有重要的推动作用，有助于全面提高高校思想政治工作的水平和质量。② 2017 年 12 月，中共教育部党组印发的《高校思想政治工作质量提升工程实施纲要》（教党〔2017〕62 号），提出"大力推动以'课程思政'为目标的课堂教学改革"，"梳理各门专业课程所蕴含的思想政治教育元素和所承载的思想政治教育功能，融入课堂教学各环节，实现思想政治教育与知识体系教育的有机统一"。自此，课程思政在全国高校推广开来。《浙江财经大学"十四五"（2021—2025 年）发展规划》（浙财大党〔2021〕26 号）明确要求课程思政覆盖面保持 100%。

在法学教育的课程体系中，宪法学是最具政治性的一门课程。从研究对象上来说，宪法具有鲜明的政治性，集中表现为坚持人民主体地位，坚持中国特色社会主义法治道路；从研究方法上来说，宪法学特别强调阶级分析的方法，从阶级矛盾运动及其背后的社会经济条件来看待宪法现象和宪法问题。"马工程"《宪法学》教材的修改，通过增加新时代伟大斗争、伟大工程、伟大事业、伟大梦想等理论成果，特别是明确了新时代国家的根本任务、奋斗目标、战略步骤，为课程思政建设提供充分而全面的知识素材。

从课程思政提升德育的要求看，教材的修订梳理了宪法学课程所蕴含的思想政治教育元素和所承载的思想政治教育功能，修订的内容应当在授课过程中得到充分体现。

### （二）调整授课进度方面的要求

笔者在 2012 年入职承担本科生教学任务时，宪法学按照 3 学分 17 周 51 个总课时讲授；目前宪法学按照 2 学分 16 周 32 个总课时讲授。在 32 个总课时中，往往会因为清明节、劳动节、端午节等法定节日冲掉 2 课时，期中考试冲掉 1 课时，实际有效地保证课时数为 29 课时。这个课时总量相对于其他高校而言是严重不足的（见表 1）。在课时数极端有限的情况下，目前的授课策略是"重理论，轻制度"：三分之一的课时安排给总论部分（第一章、第三章）和公民基本权利部分（第六章），宪法史（第二章）和基本制度（第五章）略讲，国家结构（第七章）以

---

① 高德毅、宗爱东：《课程思政：有效发挥课堂育人主渠道作用的必然选择》，《思想理论教育导刊》2017 年第 1 期。

② 邱伟光：《课程思政的价值意蕴与生成路径》，《思想理论教育》2017 年第 7 期。

《宪法》和现行相关法律的条文为抓手,但不再展开法条背后的理论问题。

表1　部分高校法学本科宪法学学分及课时数

| 学校 | 版本 | 学分/课时 | 学校 | 版本 | 学分/课时 |
|---|---|---|---|---|---|
| 中国政法大学 | 2020 | 3/48 | 中国人民大学 | 不详 | 3/51 |
| 中国政法大学 | 2019 | 3/48 | 复旦大学 | 2017 | 3/不详 |
| 中国政法大学 | 2018 | 3/48 | 浙江大学 | 2019 | 3/不详 |
| 中国政法大学 | 2017 | 3/48 | 中央财经大学 | 2014 | 3/54 |
| 中国政法大学 | 2016 | 3/48 | 天津财经大学 | 2019 | 3/45 |

数据来源:相关高校的教务处或法学院门户网站,最后访问日期:2021年7月23日。

这次教材的修订,第二版较第一版总字数增加了30%,特别是对党的十九大以来一系列重要宪法问题和宪法现象进行了增补。也就是说,新增的内容不是可有可无而是必须要讲授的,甚至是应当着重讲解的内容。这就要求授课教师重新规划授课进度,调整不同章节目和知识点的课时配比。具体而言,第一,常识性内容尽可能略讲,如"国家基本制度"(第五章)中有大量内容在高中政治课上有所涉及,如社会主义公有制的两种形式、所有制结构、分配制度是"经济制度"(第五章第一节)的核心内容,但这些知识点对于大学生而言应当属于常识范畴,不必详细介绍。第二,关联性内容尽可能集中讲,例如,"政治制度"(第五章第二节)的第一项"人民代表大会制度"可以与"全国人民代表大会及其常务委员会"(第七章第二节)及"地方各级人民代表大会和地方各级政府"(第七章第六节)集中起来,后者从国家机构的角度介绍人大及其常委会的性质、地位、职能,正是前者的具体反映。第三,法理性内容尽可能回顾,例如,"公民基本权利的一般原理"(第六章第一节)大多在法理学授课中有所涉及,可以对照"马工程"《法理学》教材,不再展开一般原理,而是要求学生课后温故和回顾法理学的知识。上述三种"减法"的采用,其目的在于讲清讲透修订新增的知识点。

至于能否采用"翻转课堂"的模式来回应教材修订,本文持否定态度。理由有三:其一,"翻转课堂"对学生要求很高,学生必须具备很强的自学能力,在接受较为系统的法学训练后能够娴熟地运用法治思维分析解决问题。大三和大四的课程比较适合。而宪法学安排在大一第二学期开设,学生尚不具备分析和解决问题的知识和方法。其二,"翻转课堂"适用于分析和解决问题,即以问题为中心,通过收集整合各种知识方法来寻求答案。而宪法学本身具有强烈的理论法学色彩,《宪法学》课堂教学的目的与其说要解决某个具体问题,不如说是掌握宪法学的基本概念、范畴和原理。也就是说，宪法学不同于民法学、刑法学等应用法学的地方就在于：很难设计出一个能够让学生解决的法律问题。其三，"翻转课堂"适用于意识形态不强的课堂教学。"翻转课堂"由学生主导推动课程进行，一旦出现意识形态的偏差，教师介入并引导的空间相对有限。也就是说，目前宪法学不适合让学生来"放开讲"。

### （三）取舍西方知识方面的要求

"马工程"《宪法学》教材的诞生和修订，在一定程度上缓解了法学课程教学的西方理论"搬运工"现象。改革开放以来，在与世界接轨的导向下，中国法学教育的发展绕不开了解西方、学习西方和借鉴西方的过程。但是，随着中国特色社会主义法律体系的建成，全面依法治国战略的实施，中国法学教育终将回归到探索中国理论、解释中国问题、创新中国思想的道路上来。

第二版教材相较于第一版而言，删除了很多西方知识。例如，在"宪法监督制度"（第九章第二节）中，第一版教材通过一个脚注介绍了"马伯里诉麦迪逊案"，第二版教材删去了这个脚注，对案件经过、事实认定和裁判理由均未给予充分说明，但依然承认该案件创立了美国的普通法院审查制。诸如此类的问题，在讲授过程中，不介绍背景知识、不剖析法理内涵，径直给出一个结论，似乎过于简单化了。这就要求授课教师精准判断何为西方特有的"一家之言"，何为虽然诞生于西方却能够为人类命运共同体所共享的"文明结晶"。这个要求，只能在授课实践中不断摸索，并伴随着授课教师理论素养和政治水平的提升而逐渐判明。

# 课程思政：法律专业课程教育的价值引领

康莉莹①

摘　要：高校法学专业课程教育，既要向大学生传授法律专业知识，又要把社会主义核心价值观等重要思政内容融入课堂教学中，充分尊重和体现教书育人和学生发展的规律，通过进行法律专业课中的思政隐性教育和专门思政课程的显性教育合力，培养出符合党和国家需要以及满足社会实际需要的德法兼修的法治型人才。要使我国高校法学专业课程中的思政育人功能取得显著的实施成效，就必须加强高校法学专业课程思政的价值引领。

关键词：课程思政；法律专业；课程教育；价值引领

在高校思政教育的课程体系设计中，把思政课程建设作为整个课程体系和结构的重点组成部分。但是，思政课程在高校教育中一直扮演着"孤军作战"的角色，无法有效地把课程与思政有机结合起来。2004 年 10 月 14 日，中共中央、国务院发出《关于进一步加强和改进大学生思想政治教育的意见》，上海率先在全国探索高等学校思想政治教育课程体制改革的创新之路。② 经历近 10 年的探索和实践，2014 年，上海部分高校正式提出了课程思政的新观点，以解除高校教学中思政课程的孤岛困境。

---

①　康莉莹，浙江财经大学法学院教授，硕士生导师。

②　第一阶段：2005 年起，启动实施"两纲教育"，推进以"学科德育"为核心理念的课程改革。第二阶段：2010 年起，承担国家教育体制改革试点项目"整体规划大中小学德育课程"，聚焦大中小学德育课程一体化建设。第三阶段：2014 年起，将德育纳入教育综合改革重要项目，逐步探索从思政课程到课程思政的转变。经过这个阶段探索，上海逐步形成"课程思政"理念，推出了《大国方略》等一批"中国系列"课程，选取部分高校进行试点，发掘专业课程思想政治教育资源。

## 一、课程与思政是包含性关系，不是与
## "思政课程"进行简单的同义转换

课程思政是指以构建全员、全程、全课程育人格局的形式，将各类课程与思想政治理论课同向同行，形成协同效应，把立德树人作为教育的根本任务的一种综合教育理念；也可以简单地理解为，课程思政就是在学科专业课程中充分融入思政教育元素，或者说把思想政治教育的元素融入专业课程教育实践中。

课程指的是高校教育中的专业课、通识课及与专业课有关的实践性等非思政课程，其中专业课程是主干。它的教学意义和目标主要在于：通过丰富的专业课程内容来培养和增强学生的专业综合知识，加强和提高学生的专业素养和专业技能。

思政指的是思想政治教育，也就是思想政治教育中的实践性教学活动，最直观的表现就是思想政治教育理论课，其主要的课程体系包括马克思主义基本原理、毛泽东思想和中国特色社会主义理论体系概论、思想道德修养与法律基础、形势与政策等课程。思想政治教育课程教学主要培养目标是通过教学引导在校大学生建立正确的人生观、世界观和价值观，通过对在校大学生职业道德修养的专门教育和训练，提高学生的职业道德综合素养。

课程与思政二者相互包含，是包含与被包含的关系，不是简单的"同义转换"。在课程思政中，首先，课程是主，思政是辅。如果我们简单地认为"课程思政"就是"思政课程"的同义转换，那么这就是一个误区。"课程思政"的首要条件和前提，在于课程本身具有较强的专业性。以传授相关专业知识为根基，是我们专业教师通往课程思政最基本、最重要的路径。只有充分保证专业课程的专业性，才能把重要的专业知识都传授给在校学生，培养和提升学生的综合专业素养和技能，符合专业培养的目标要求，才能为社会输送合格的法律专门人才。否则，课程就将淹没在思政海洋里，使专业课、通识课都是一个"思政味"，甚至"促使课程思政化"，与消极、被动地抵制思政在专业课程中的渗透和融入一样，都是对课程思政的误解和滥用。其次，在保证课程专业性的前提下，应有机地把思想政治教育的内容融入课程中。在融合的过程中，注意课程性质和内容与思政教育内容的合理性与针对性，并且应避免在专业课程中大量过分地融入、讲授思政教育内容，使专业课程变成思政课程，阻碍了专业培养目标的实现。最后，课程与思政不是简单的堆砌，而是有机的结合。课程是对学生进行思政教育的载体，

思政教育是专业课程教育、教学的指导和引领。没有专业内容的课程思政就变成了思想政治教育理论课；没有课程思政的专业课程就会失去引领方向。课程的分量重了，就难以发挥思政的方向引领作用；思政的分量重了，就磨灭了课程的专业性质。因此，我们既要坚持课程的专业性，也要坚持思政的方向性。牢记习近平总书记在全国普通高等院校思想政治教育工作会议上的重要讲话："高校思想政治工作关系高校培养什么样的人、如何培养人以及为谁培养人这个根本问题。"①

## 二、法学专业课程的当然思政属性

自 2014 年上海部分高校积极探索、提出课程思政的观点以来，关于课程思政出现了大量的研究文章。研究结果普遍认为，法学专业课程教育具有当然的思想政治教育意义。有文章认为："法学具有意识形态因素是不证自明的。"②有研究者指出："思想政治教育与法学教育之间存在着天然且紧密的联系。"③也有研究者认为："思政教育和法学课程有较大的差异，然而也有相似的地方，即有着完全相同的人才培育目标和任务。"④有专门研究宪法课程思政的文章指出："宪法课程内容有明显的政治性特点和蕴含丰富的思想政治教育资源，宪法课程思政教学中要将隐性的思政教育明示化。"⑤还有研究者指出："法学课程与思政课程都涉及意识形态领域，我国的法学教育与思想政治教育二者共同的指导思想就是马克思主义和中国特色社会主义理论。因此，我国高校法学专业课程思政教学改革比其他专业课程思政教学改革具有更大的可能性和便利性。"⑥

以上研究充分表明，法学乃"正义"之学，法学专业课程具有当然的思政属性。法学教育可以说本来就是一种意识形态方面的精神塑造和法律文化完善，其所需要承载的不仅仅是它对现代法学教育相关专门知识的传授与制度创新和

①　习近平：《习近平在全国高校思想政治教育工作会议上强调：把思想政治工作贯穿教育教学全过程　开创我国高等教育事业发展新局面》，《人民日报》2016 年 12 月 9 日，第 1 版。

②　李磊：《法学类课程开展课程思政的进路研究——以民法学中"农村土地承包经营权"的授课为例》，《攀枝花学院学报》2019 年第 6 期，第 101—106 页。

③　饶冠俊：《法学教育与思政教育的协同关系及融合架构研究》，《豫章师范学院学报》2019 年第 5 期，第 77—81 页。

④　金玉：《法学通论课程思政教育教学改革探究》，《蚌埠学院学报》2019 年第 5 期，第 87—91 页。

⑤　王小萍：《基于课程思政理念法学本科宪法课教学的探索与创新》，《中国法学教育研究》2019 年第 2 期，第 59—73 页。

⑥　时显群：《法学专业"课程思政"教学改革探索》，《学校党建与思想教育》2020 年第 4 期，第 59—60 页。

对法学教育相关专业技能的培养，更包括对弘扬国家优秀人文精神和社会主义主流核心价值观的宣传与引领。法学专业"课程思政"的教学改革，关键一点就是必须明确地将这些当然的思政元素激发出来。怎样激发？既不能简单地以"课程思政"为专业课程教学基础完全替代"思政课程"，也不能一味地将法学专业课全部整合、改造成"思政课程"。本文认为，需要通过法学专业课程教育本位的回归，在法学专业教学实践中促使"法律知识传授"和"法律价值引领"的理念无缝有效对接，把"社会主义核心价值观"①的基本理念和价值体系直接渗透到整个法学专业化的课程中。法学专业课程教育本位改革的重要出发点关键在于"渗透性"，通过"无声润物"的多种方式、途径潜移默化地实现引导、教育大学生牢固树立正确的人生观、世界观和价值观，让从事法学专业教育的学院和老师通过课程思政肩负起与思政课程共同育人的职责，让每一名从事法学专业教育教学的教师真正肩负起教书育人、立德树人的历史责任和神圣使命，回归到教书育人的教师基本职业道德本位，致力于教育和培养"法治中国"的未来建设者和理想接班人。

## 三、法学专业课程思政教育目标："立德树人""德法兼修"

我国高校的思想政治教育教学模式主要分为显性模式教育和隐性模式教育两种。所谓显性模式教育，体现为高等院校专门组织开设的思想政治教育课程，其主要目的是通过对马克思主义基本原理、毛泽东思想和中国特色社会主义理论体系概论、思想道德修养与法律基础、形势与政策等课程主要内容综合进行思想传播和教育教学，通过对思政教材、课本和教师知识教授及思政知识大讲堂等主要教育形式进行正面、直接有效的传授，大学生应树立良好的思想道德品格和坚定的意志，培养、造就大学生的情感、意志和行为与社会主义核心价值观保持一致并始终遵循。显性模式教育担负的思政育人责任重大。

课程思政的教育理念，本身就是一种"隐形思政教育"理念，通过专业课程教师充分利用、挖掘专业课程中的"思政教育"资源，潜移默化地、全面深入地影响和教育学生，引导他们形成正确的社会主义人生观和世界观。法律院校专业类课程多，且全部课程都具有隐性思政教育的特征，在对专业知识进行教育教学的

---

① 党的十八大提出，倡导富强、民主、文明、和谐，倡导自由、平等、公正、法治，倡导爱国、敬业、诚信、友善，积极培育和践行社会主义核心价值观。

过程中,思想政治教育以隐性、间接的方式和途径进行传播,使得大学生能够在潜移默化中获得熏陶,并将其转化成自己的意志、思想品质和道德行为,实现了思政教育的同等效果,将青年大学生培养成恪守法律的良善公民,完成大学生优秀道德品质的人格塑造。

长期以来,法学专业课程仅仅着眼于对法学专业知识的深入讲解、专业技术能力的培训和养成,比较严重地忽略了对当代在校青年大学生思想政治素养、完整道德人格的教育培养,比较严重地淡化了法学专业课程所肩负的"课程思政"的内在、内涵要求。

自党的十八届四中全会明确做出"全面推进依法治国"的重大战略决策以来,如何教育培养一批高素质的法治专业人才成为我国普通高等院校人才培养目标设定上的指引。对于教育培养高素质法治人才,不仅仅需要高度重视对法学专业知识的全面、深入传授,更需要高度重视对法治人才的法律伦理道德修养、职业素质能力养成的培育。我们全面推进依法治国战略目标基本得到实现,但是,依法治国任重道远,高素质的"德法兼修"的法治人才储备至关重要,我国法学"课程思政"教学改革将成为一条有效的法治人才培养的发展出路。

课程思政的基本理念,其实就是一种"大思政"的理念。只有通过课程思政的隐性育人模式,才能够在极大地增强法学专业学生的基础专业知识和社会实践技能的同时,提高大学生的职业道德素质,达成以教书育人为根本目标,实现"立德树人""德法兼修"的法治人才的良好教育宏愿。

## 四、法律专业课程思政的实施路径

课程思政的本质就是要培养"德法兼修"的社会主义法治人才,法学专业课程思政同样要"守好一段渠、种好责任田,与思想政治理论课同向同行,形成协同效应"①。必须加强法学专业课程思政教育建设。

(1)统一思想、凝聚共识,坚持卓越法治人才的培养目标。2018 年教育部、中央政法委联合发布《关于坚持德法兼修实施卓越法治人才教育培养计划 2.0 的意见》。该意见提出"坚持用马克思主义的法学思想和中国特色社会主义法治理论作为指导高等教育法学教学工作的思想引领,构建法治人才培养共同体,为

---

①　习近平:《把思想政治工作贯穿教育教学全过程,开创我国高等教育事业发展新局面》,学习强国,2016年 12 月 8 日,https://www.xuexi.cn/746bd106b7d5dca0bc01f747f5bf37c0/e43e220633a65f9b6d8b53712cba9caa.html。

法治国家、法治政府、法治社会的建设提供法治人才保障"的总体育人思路。明确地提出了具体实施措施内容包括：要高度重视对法治专业技术人才的道德素质教育工作，积极推进中国特色社会主义法治思想理论进教材、进课堂、进头脑；要高度重视对法学专业教师的师德师风建设，着力于做好对法学专业教师的"以德立身、以德立学、以德施教"的教育和引导工作；构建我国高等教育法学教学质量文化的基本标准，以"德法兼修"作为法治人才培养的核心，以"复合型、创新型"作为法治人才培养目标。2020年，教育部正式颁布《高等学校课程思政建设指导纲要》，把高等院校专业课程思政能力建设明确定位成为贯彻落实学校立德树人这项根本任务的重要战略性举措、全面提高专业人才培养教学质量的一项重要政治任务。法学专业课程教育必须以习近平总书记在全国高校思想政治工作会议上的重要讲话为指引，以卓越法治人才教育培养为专业教学建设目标，将思政教育内容融入法学专业课程教学，体现法学专业课思政育人的重要功能，承担起立德树人、培育卓越法治人才的神圣使命和历史责任。

（2）明确目标、确定原则，坚持教学以学生为主体的教育本位观。课程思政教育教学改革，旨在实现价值的重塑、知识的传授和能力的养成三方面有机结合的整体化。法学专业课程中关于课程思政的要求同样是实现三重目标：一要重塑当代青年大学生的思想道德和法价值观，以此来保证法学专业人才培养在方向上的鲜明性；二要认真地传授给在校青年大学生全面系统的法学相关专业知识，以此来保证法学人才培养专业理论基础知识的扎实性；三要负责任地、有意识地养成法学专业大学生必备的法律职业能力，以此保证法学人才培养顺利就业的稳定性。为此，坚定不移地贯彻以学生为本的课程主体性原则，是扎实推进法学课程思政改革的根本需要。学生走入社会的获得感是法学专业课程思政改革是否实现三重培养目标的唯一验收标准。法学课程思政的三重目标得到有效检验，学生勇于面对复杂社会的主体性被培植，才能充分发挥他们的主动性与创造性，法学专业课程思政改革的成效才能真正得以展现。

（3）同向同行、无缝对接，努力挖掘法学专业全课程的思政元素。法学专业课程和思政无缝对接需要我们重新寻找一个法学专业课程与思政的契合点，深挖整个法学专业全课程中所蕴含的丰富思政内容。如《法理学》这门法学专业最基础的课程，蕴含着丰富的"社会主义法思想"等内容，就是要求我们从社会主义根本的阶级立场、角度出发，以具有中国特色的社会主义的基本国情为背景，教育、引导大学生学会客观、辩证地评价社会现象，学会理性地借鉴西方法律思想及其方法，正确地认识社会主义法制在形成和发展过程中可能出现的曲折和困境,有利于培养大学生的"法治理论自信"和"法治道路自信"。《宪法》教材中的"宪法是国家的根本大法""公民基本权利与义务"等重要内容,是为了培养大学生牢固树立"尊崇宪法""权利义务责任"等的法律意识和法治信念,从而毫不动摇地坚守中国的"法律制度自信"。《中国法律史》课程主要涉及"中国传统法文化、法制度"内容,通过对优秀的中国传统法律文化、法律制度的讲授与评价,启迪青年大学生必须高度重视"古为今用"、传承发展,从优秀的中国传统法律文化与制度的肥沃土壤中吸收养分,树立坚定的"法律文化自信"。而"民法学"是一门浩瀚的法学课程,在给大学生介绍讲授《民法典》第一千二百六十条庞大的法律体系时,不仅需要向学生传授基本的民法知识和专业技能,更需要教育和培养学生正确的财产观、婚姻观、家庭观和继承观,树立正确的权利、义务、责任意识和公平、正义、平等、诚信等民法理念,以及对我国优秀传统法律文化、善良风俗、传统道德规则的遵循,明确法律、伦理、道德价值在规范民事法律行为、民事法律关系中的一致作用,以教育和培养学生对中国民法制度的自豪感和成就感。

在挖掘、梳理了每门法律课程的课程思政元素后,应修订培养计划和课程教学大纲,将法律专业课程中的思政元素编写进去,让任课教师明确课程思政的内容。教师教授的法学相关专业课程,不能只停留在对法学基本概念、法律基本原理以及法律制度条文的理解及阐释上,更要将法律基础知识的传授与全面落实建设法治国家的整体战略有机结合进行思考,要充分发掘出法学专业知识背后蕴含的人性考量、价值关怀与制度定位。尤其在进行中外立法比较的时候,更要提供给学生客观、全面地分析不同国家、民族、地域因为法律文化传统、经济制度等各种原因造成的立法差异,使在校大学生充分认识到"本土资源"才是我国社会主义法律体系形成的特色,能够从家国情怀和法治中国的整体发展两个方面出发,正确地审视和理解我国的社会主义法律体系和法治中国建设的优越性等问题。

教学的过程本身就是一个由教师指导和学生自主学习、自主掌握的互动过程,教师的一句话一个行为无形中都会带给学生以直接或间接的影响效果。因此,无论是在传统课堂教学中还是课堂外,教师自身的价值观是否充满正能量,是否具有强烈的爱国热情、民族自豪感和对社会责任感,都将会对所教育的学生产生重大的影响。不管教师自己是否意识到或者是否有意识地表现出来,这种影响都将会存在。比如,教师在为学生介绍所教课程的内容时,如果大量介绍的都是外国的知识,并且赞美之意溢于言表,这只会给学生造成一种"中国就是不行"的错误观念,就可能会导致大学生失去青年人本该应有的复兴报国热情、民族自信心和社会责任感。因此，教师在自己的专业课程教育教学研究工作过程中，应该十分注意恰当地、实事求是地为学生介绍外国法律相关理论研究和实践的进展情况，自信而又自豪地为学生讲授我国最适合中国国情、最具有中国特色的法律体系与制度成果和立法理念，培养学生的中华民族自信心和自豪感，极大地鼓舞学生努力向上、真正树立起中国特色社会主义的法律信仰，正确认识依法治国的进程中可能会遇到的各种问题和困难，自觉承担起推进社会主义法治建设的神圣使命。

（4）"全员思政"、率先垂范，强化法学专业教师的思政示范引领作用。"全员思政"工作是高校积极进行深化思想政治理论教育体制改革的一个重要的基本人力资源保障。"全员"不仅可以直接泛指负责思政课的老师和其他专业课教师，也可以泛指专职教师和学生管理人员，还包括高校青年大学生及广大学生家长的积极参与。"全员思政"的根本宗旨是要真正做到"学校党委领导负责、学校组织落实、学生集体参与、社会协助"。

"全员思政"的主干力量是教授法学专业课程的教师。习近平总书记指出，"办好思想政治理论课关键在教师，关键在发挥教师的积极性、主动性、创造性"[①]。教书育人乃教师天职，能否培养出具有中国特色社会主义法制自觉的卓越法治人才，关键在教师。推进法学专业课程思政工作关键就在于充分发挥法学专业教师的教育活动积极性、主动性和创新性，率先垂范，强化法学教师的示范引领作用。

首先，法学专业教师一定要培养和提升"思政育人"的意识。作为我国高等法学专业课程思政的施教者和主体，应该从理论和实践的层面深刻地认识到课程思政的重要价值，从而自觉提升课程思政的能力；应主动地担当起自己专业教学中课程思政的责任，自觉地把大学生价值观的重塑、专业知识的传授以及专业技能养成三者相互融合，认真、努力守好法学一段渠、种好法学责任田。

其次，法学专业教师要破除"课程思政"的一些误区。毫无疑问，在"课程思政"概念正式提出前，很多法学教师做到了在教授法律专业知识的同时，对学生进行法价值引领，只是以前没有"课程思政"这样的提法。但是毋庸置疑，在我国高等法学的教育中，教师也有一些需要克服和破除的误区，包括将立德理解成为一种机械的道德输入和简单的价值传达的误区，以及只追求学科知识的所谓"客观、中立与价值无涉"。实际上，每一门专业和学科的成长与发展都充分体现着

---

① 习近平：《思政课是落实立德树人根本任务的关键课程》，《求是》2020 年第 17 期。

勇于寻求真理的创造力和探究精神，都体现着敢于挑战和质疑权威的革命性创新精神和促进经济社会发展和改革、推动社会发展进步的责任意识。在"全员思政"的今天，法学专业教师必须要保有坚定的思想政治信念，积极主动地挖掘各门法律专业课程中所蕴含的核心思想价值和精神元素，并在实施法律理论教学与实践操作过程中将这些思想和价值观隐性化地传授给大学生。教师要充分立足于课程自身的特征，把那些深藏在知识内在结构之下的人文精神与价值意义内化成为对学生的精神涵养培育与价值追寻。

（5）"全程思政"、渐进连贯，建构法学课程思政的分层多段育人体系。"全程思政"要求在高等教育课堂教学的整个过程中落实课程思政的目标，建构一个法学课程思政的分层多段育人体系。充分保证法学专业教育课程思政的渐进性和连贯性，真正实现法学专业教育课程思政的层次明确、衔接有序、不留断层。

第一，新生入学初阶的课程思政。习近平总书记多次谆谆告诫青年学生"人生的扣子一开始就要扣好"。① 那么，法学专业课程首先要扣好新生入学初阶时课程思政的第一粒纽扣。对于刚进入大学的新生，对法学专业知识学习普遍存在茫然现象，应该充分利用"习近平法治思想概论""法理学""宪法学""中国法律史"等法学专业核心基础课，以这些课程中突出体现的中国特色社会主义法治理论、宪法法治文化和中国宪法制度以及中国传统法律文化和制度等内容，加强对新生入学初阶的思政教育，注重对大学生开启法律价值导向、社会主义法治观教育的引领。

第二，大二、大三中阶的课程思政。大二、大三是法学专业学生专业课教育任务最繁重、内容最繁多的重要阶段，应该充分利用"刑法""民法""行政法""诉讼法"等实体、程序专业核心课，结合发生的具有社会重大影响的案件和热点法律问题从更为细致的专业角度予以认知和评价。在大二、大三年级加强对学生的法治思维、法律分析方法等综合素质能力的培养，可以帮助学生养成对社会重大、热点问题分析、判断的专业能力，避免盲目跟风式地发布不负责任、不符合国家法律法规的不当言论，引导大学生树立正确的是非观、正义观和责任观。

第三，大四高阶的课程思政。当大学生步入大四年级，尤其是临近毕业期，也就是进入大学学习最后阶段，法学专业课程依然具有重要的思政教育任务，主要应通过"法律职业伦理""法律实务模拟"等实践性较强的专业课程，增强对于

---

① 《开学季：扣好人生的第一粒扣子》，央视网，2020 年 9 月 1 日，https://www.xuexi.cn/lgpage/detail/index.html? id=3200547414155375146&item_id=3200547414155375146。

学生的职业伦理、道德规范等职业行为的规范性与价值的认知和提升。在大学生即将走出校门、迈入社会的前期,提升学生对法律职业精神的认知、认同和自我尊崇,帮助大学生树立正确的择业观、就业观,培养他们坚定地捍卫中国特色社会主义法治的理想信念,努力成长为中国社会主义法治建设事业可靠的接班人。

# 建构主义视角下"司法社会工作"课堂参与式案例教学改革探索

## ——以浙江财经大学社会工作专业本科教学为例

赵　琼①

**摘　要**：参与式案例教学改革是基于建构主义教学观、学习观，将参与式教学与案例教学相结合的新模式，是社会工作专业课堂教学的新探索。其最突出的特征在于形成平等、尊重、开放、包容的教学课堂教学理念，改革社会工作灌输式教学为互动式教学、改革以教师为主体向以学生为主体教学模式转变、改革以课堂教学为主向课内外结合转变、改革以终结性评价为主向形成性评价为主转变。本文分析参与式案例教学改革的动力机制和亟待解决的核心关键问题。

**关键词**：社会工作；专业价值观教育；参与式案例教学；改革

建构主义学习理论强调以学生为中心，认为学生不是简单被动地接收信息，而是认知的主体，是知识意义的主动建构者；教师是教学过程的组织者、指导者、意义建构的帮助者、促进者。社会工作是以科学理论为基础，实现助人自助的社会服务实践活动，是理论与实践密切结合的专业。参与式课堂案例教学就是通过引导学生课堂参与，课内外主动学习，转变以课堂教学为主向课内外结合，关注学生理论结合实践能力的培养与提高。通过参与式案例教学，学生应逐步形成对社会工作专业价值观的认同，树立社会工作的职业理想，在理论和实践方面具有重要意义。

---

① 赵琼，浙江财经大学法学院社会工作系。

# 一、建构主义与参与式教学

## （一）建构主义教学观

建构主义学习理论在皮亚杰认知理论的基础上，经柯尔伯格等的发展在 20 世纪 80—90 年代盛行。该理论主张学习是学生能动选择、心理积极运作和意义建构的过程，强调学生已有知识经验和真实情境在教学过程中的重要作用。建构主义学习理论更关注学习者如何以原有的经验、认知结构、心理结构和经验为基础来建构知识、建构知识结构。建构主义教学原则包括建构性原则、主体性原则、相互作用原则。注重增强学生学习的自主性、积极性、创造性，以达到建构教学的效果。[①] 建构主义强调教学就是促进学生已有的知识、态度和兴趣与新的经验发生相互作用，通过这个相互作用，学生从其自身内部建构自己的理解。教学活动要创设一个丰富的学习环境，学习者能有足够的自我建构的空间去建构知识并积累生活经验。建构主义学习环境包括四个要素，即情境、协作、会话和意义建构。[②] 建构主义学习理念在社会工作教学实践中的应用，一方面，有利于促进社会工作教学的理论与实际紧密结合并提升学生学习能力；另一方面，会对教师教学活动和学生专业知识的体系化带来消极影响。[③]

## （二）社会工作参与式案例教学

案例教学法开始于 20 世纪 70 年代。社会工作案例教学，有助于实现社会工作理论与实践的整合，有利于培养学生的创新与合作能力。[④] 案例分析教学要求教师不再像传统的教师，而更像一位教练。[⑤] 社会工作案例教学的主要特征，即学习者本位性、主动参与性、突出实践性和注重启发性。在案例教学法中，学习者是课堂的主体，教师的作用是组织课堂、引导讨论。社会工作教学案例选

---

[①] 姜俊和：《建构主义教学理论及其启示》，《沈阳教育学院学报》2005 年第 1 期，第 1—5 页。

[②] 葛玲霞：《反思建构主义教学理论及其在我国的适切性》，《基础教育研究》2007 年第 7 期，第 15—18 页。

[③] 覃志敏：《建构主义学习理论对社会工作教学实践的影响》，《亚太教育》2016 年第 10 期，第 246—247 页。

[④] 高晓华：《高校社会工作专业应用案例教学法的研究》，《内蒙古财经大学学报》2015 年第 6 期，第 121—123 页。

[⑤] 朱贵平：《社会工作专业教学中案例教学法的运用》，《教育与职业》2011 年第 14 期，第 152—153 页。

择的三个原则是适用性、典型性和可行性。① 所谓"参与式教学",是指在民主、宽松的课堂环境中,充分整合各种教学资源参与课堂教学,利用多种教学形式,强调听课者高度参与的教学法。参与式教学与社会工作内涵的高度契合性,体现了现代教育理念与社会工作的相互融合,有利于实现学生对学习方法的高度认同,使课堂充满活力,有利于学生对社会工作专业的认同。② 参与式教学强调在课堂教学中学生对学习的主动介入,注重教学过程而不仅仅是结果。通过构建各种不同的学习情境,开发学生的多元潜质,培育学生独特的见解。③

综上所述,建构主义学习观和教学观对社会工作课堂教学改革很有启发,在价值观教育社会工作人才培养中具有基础性意义,是社会工作专业化的核心,是社会工作走向职业化的基础。但是,上述研究仍然存在着两个方面的不足:第一,案例教学研究中虽然突出了课堂上的互动,但是缺少对社会工作专业价值观教育的渗透;第二,案例教学没有形成过程性的课程考核体系。参与式案例教学以平等、开放为教学理念,营造主动参与、互动尊重的课堂氛围、转变以教为主向以学为主的教学方法、转变以课堂教学为主向课内外学习相结合,改变单一的学业成绩期末试卷考核办法,将社会工作的专业价值观渗透到社会工作专业的每一堂课,引导学生在主动参与和课堂互动的过程中将专业价值观和自我发展价值观逐渐渗透与融合,并形成对专业价值观的认同,树立社会工作的职业理想。

## 二、参与式案例教学改革的目标、内容和具体做法

《司法社会工作》是社会工作专业的实务课程。该课程主要讲授运用社会工作专业理念与方法在司法领域开展服务,包括预防青少年犯罪、社区矫正、社区戒毒服务、纠纷调解、信访社工服务等内容。针对该课程的性质和实务导向,笔者提出了参与式案例教学的改革方案,包括改革目标、改革内容,以及改革的具体做法。

---

① 周巍、李细香:《案例教学法在社会工作专业教学中的应用分析》,《社会工作》2010年第5期(下),第18—20页。

② 陈晓敏:《参与式教学:社会工作应用型人才培养的应然选择》,《现代教育科学》2011年第4期,第102—104页。

③ 高春凤:《参与式教学理念与社会工作专业人才的培养》,《首都师范大学学报》(社会科学版)2008年第2期,第138—141页。

## (一)改革目标

参与式案例教学改革的教学目标：一是创新社会工作专业课堂教学模式，形成平等、开放、尊重的教学理念，营造民主、宽松的课堂氛围，吸引学生对"司法社会工作"课程的学习兴趣；二是形成以学生为主体，课内外学习相结合的新模式；三是形成以过程评价与期末考核相结合的课程评价体系。实践目标：一是增强学生对专业的兴趣，提升学生对社会工作专业价值观的认同度，并且与学生自我实现的价值选择相融合；二是促进学生树立专业社会工作的职业理想和社会使命感；三是通过改革参与式案例教学的评价体系，促进社会工作专业教育理论与实务的紧密结合。

## (二)改革内容

本文主要针对社会工作专业课堂教学模式进行改革，具体围绕四个方面展开：转变课堂教学理念，改革社会工作灌输式教学为互动式教学；改革以教师为主体向以学生为主体的课堂案例教学模式转变；改革以课堂教学为主向课内外结合转变；改革以终结性评价为主向形成性评价为主转变。

### 1.转变课堂教学理念，改革社会工作灌输式教学为互动式教学

第一，转变课堂教学理念。传统的教学中，教师是知识的权威，学生处于从属被动接受的地位。而参与式案例教学的基本假设是：课堂是由教师和学生共同建构的，学生具有互动学习的能力，并且参与案例教学的优势。参与式案例教学的理念是平等、尊重、开放、包容。只有营造平等、民主、宽松的课堂氛围，学生才有信心、有兴趣参与课堂案例演讲、案例讨论等。第二，转变灌输式教学为知识传授与学生互动相结合。首先，教师运用案例引导课程的知识内容；其次，动员学生围绕《司法社会工作》各章节内容，搜索相关案例上台演讲；最后，引导学生积极参与案例讨论和案例分析。第三，转变课堂互动激励机制。将学生课堂参与案例教学纳入课程总评成绩，使课堂参与的平时成绩在总评成绩中占 20%的比例。

### 2.改革以教师为主体向以学生为主体的课堂案例教学模式转变

第一，在参与式课堂案例教学中体现学生的主体地位。参与式案例教学中，学生的主体地位体现在：首先，学生是课堂学习的主体；其次，学生是案例搜索、案例演讲和参与讨论的主体；最后，学生是课堂学习成绩评定的主体，学生通过

参与自己把握自己的学习成绩。第二，教师将课堂权力让渡给学生的机制。首先是空间权力的让渡，讲台不是教师的专利，每一个学生都要走上讲台，演讲自己的案例。其次，是时间和机会权利的让渡。在案例讨论的过程中，课堂留出一定的时间给学生进行案例演讲和案例讨论。每一个学生都有平等的演讲案例和参与案例讨论的机会，并且会受到教师的鼓励。对于学生提出不同意见，由教师引导正确的方向。第三，以学生为主体的课堂组织方式。参与式案例教学中，课堂的组织不是依靠纪律约束，而是通过精彩的案例演讲和案例讨论来吸引学生关注课程内容。因此，教师更多的是参与式案例教学的组织者和管理者，正确引导学生课堂讨论的方向是教师的职责。

### 3. 改革以课堂教学为主向课内外结合转变

第一，引导学生将课堂所学的理论知识向课外社会观察延伸。参与式案例教学要求学生在课外时间围绕课程内容通过网络搜索，或者联想自己亲身经历的事件寻找案例，在课堂上演讲，或参与其他案例的讨论。对案例的演讲可以运用 PPT、多媒体，或者是讲故事等多种方式，将课堂所学的社会工作理论知识与课外对现实社会生活的观察相结合。第二，引导学生将社会生活中的典型事件转化成社会工作专业案例，并运用社会工作的视角进行分析。学生可以从网络上搜索案例，也可以从现实社会生活或者自己的亲身经历中选择案例。课堂上由教师启发学生将现实案例上升为理论思考，注重指导学生运用社会工作的理论视角进行分析和阐释。第三，引导学生针对案例中的问题提出一个社会工作的服务方案。引导学生针对案例中的问题，运用已经学过的社会工作方法和模式，尝试提出一个解决问题的可行性方案，或按照社会工作实务通用模式提出一个针对该案例的社会工作专业服务计划。

### 4. 以终结性评价为主向过程性评价为主转变

第一，参与式案例教学评分标准。课堂案例演讲和参与案例讨论各占平时成绩的 10%，二者合起来占 20%。案例演讲的成绩按照案例选择的典型性、演讲水平、理论分析水平等综合评定；参与案例讨论按照参与的次数得分。案例分析则按照案例概述、分析的理论视角，以及对案例的专业评价等来评定，作为中期成绩，占 20%。因此，围绕案例教学的成绩占总评成绩的 40%。第二，参与式案例教学评价过程。在第一堂课教师就将课程平时成绩、中期成绩与期末成绩的构成，以及评分标准告知学生。在每一堂课都有课堂演讲和参与讨论的记录，由学生根据发言填写，期末由学委进行统计，分数计入总评成绩。第三，参与式案例教学课程评价机制。平时成绩与期末成绩相结合，教师评价与学生评价相结合。平时课堂讨论和演讲由学生记录，但是，案例演讲和案例分析的质量由教师根据相关标准进行评价。第四，参与式案例教学评价体系。参与式案例教学的评价由平时的课堂案例演讲、案例讨论，以及书面的案例分析构成，占课程总评成绩的 40%。由此，改变对学生仅靠期末试卷考试为评价的考核方式，将学生课堂参与学习与总评成绩直接挂钩，将课外学习与课堂参与演讲讨论挂钩，让学生自己把握自己的成绩，形成自我激励的机制。

### （三）改革的具体做法

从 2013 年至今，在浙江财经大学法学院社会工作专业课如"司法社会工作""家庭社会学""儿童青少年社会工作""老年社会工作""企业社会工作""经济社会学""人民调解实务"等社会工作课程（包括专业必修课和专业选修课）的教学过程中，开始探索参与式案例教学，具体分为以下四个步骤。

第一步：在每一门课的前几节课堂，向学生讲解参与式案例教学模式的主要内容和基本要求，尤其是课程评价体系，营造民主、宽松、开放的课堂氛围，为参与式案例教学创设基础条件。如在"司法社会工作"课上，让学生围绕预防青少年犯罪、社区矫正、社区戒毒服务、纠纷调解、信访社工服务等方面收集案例。

第二步：鼓励学生围绕课程内容，在课外搜集案例，积极参与案例演讲、案例讨论和案例分析，对表现积极者进行口头表扬和相应的激励。如在"司法社会工作"课上，让学生演讲自己收集的案例，其他学生参与案例讨论。

第三步：引导学生运用社会工作的理论视角分析案例。引导学生运用社会学、心理学和社会工作的理论，如优势视角理论、社会支持网络理论等进行分析。

第四步：引导学生针对案例中的问题提出一个社会工作服务计划。如针对网瘾青少年，运用社会工作专业的通用模式制订一个帮扶计划。

案例引导解析法：教师在每一堂课上，首先要准备一个引导性的案例，可以来自现实生活，也可以是学生亲身经历的案例，从而引出课程的知识内容，并向学生提出问题，引导学生参与讨论。

案例演讲法：由每一名学生准备一个与社会工作相关的案例，通过案例讨论法，充分调动学生课堂参与案例讨论的积极性，引导学生运用社会工作理论和方法的视角分析案例，学生之间、师生之间通过充分的互动讨论，互相启发，获得对理论知识的深入理解。

经过几年的探索，学生对参与式案例教学的模式认同程度比较高，选课率提高了,课堂秩序明显好转,学生对教师的评价有了显著提升。

## 三、参与式案例教学改革的动力机制和面临的关键问题

通过参与式案例教学实现改变学生对社会工作专业价值观的认同度,需要充分调动教师和学生双方的动力机制,要解决核心的关键问题。

### (一)动力机制

就教师来讲,首先,最大的动力来源于对社会工作专业教学探讨的使命感和兴趣,希望能够探索一套新的教学模式来激发学生的学习兴趣和动力,进而引导他们对社会工作专业价值观的认同,逐渐树立社会工作的职业理想。其次,外在的压力来源于学校的课堂教学考核体制,学生的选课和课堂教学的学评教直接影响教师的绩效。

学生方面,从2013—2016学年在"家庭社会学""儿童青少年社会工作""老年社会工作""企业社会工作""中国社会问题""人民调解实务"等课程教学过程中,开始探索参与式案例教学,鼓励学生参与案例演讲、案例讨论,指导学生进行案例分析。学生在选课方面积极性越来越高,很多跨年级、跨专业的学生都来选课。近三年的学评教取得了较大的进步,从2013年的90分左右,到2015—2016年达到94分以上。并且,许多学生对社会工作的专业兴趣大大提高,对专业价值观的提升也有所促进。许多学生在考研和就业方面都选择与社会工作专业相关的领域和机构,希望能够运用本专业有所作为。几年的教学经验积累表明,学生对这些课程感兴趣的动力在于:一方面,教师在课堂上实务导向很重要,引导他们将社会工作的知识、理论与方法与现实社会生活联系起来;另一方面,大学生本身具有观察社会、探究问题、实现自身社会价值的期望。由此,形成参与式案例教学的动力机制。参与式案例教学的评价由平时的课堂案例演讲、案例讨论,以及书面的案例分析构成,占课程总评成绩的40%。并且,期末考试试卷中占40%的案例分析题和方案设计题都来源于平时课堂讨论最多的主题。由此,改变对学生仅靠期末试卷考试为评价的考核方式,将学生课堂参与学习与总评成绩直接挂钩,将课外学习与课堂参与演讲讨论挂钩,让学生自己把握自己的成绩,将外在的考核转变为学生自我激励的机制。

### （二）参与式案例教学亟待解决的核心关键问题

参与式案例教学是社会工作专业课堂教学的新探索。但是，有四个亟待解决的核心关键问题，即转变课堂教学理念和提升教师素养、调动学生课堂参与的积极性、正确引导学生案例分析和案例讨论的方向、参与式案例教学中渗透对社会工作专业价值观的教育。

第一，转变课堂教学理念和提升教师素养。参与式案例教学中教师是最关键的因素。教师能否转变权威型的教学为平等、尊重、开放、包容的教学理念，决定着参与式案例教学推进的动力。另外，教师的知识水平、经验阅历、组织协调能力，以及教学风格都决定着实施的效果。首先，从目前的社会工作专业师资队伍来看，大多数教师是从社会学、人类学或其他专业转过来的，真正社会工作专业博士毕业的教师比例不高。因此，很多教师缺乏对社会工作专业理论与实务的深入理解。其次，在高校科研优先和指标量化考核体制下，教师重科研课题和论文，轻课堂教学创新探索的现象比较普遍。所以，真正在社会工作专业理论教学和实践教学的投入不足。再次，多数教师过度注重教师自身的权威，忽略了在课堂上对学生权利的尊重，难以营造民主、开放的课堂氛围，难以调动参与课堂案例演讲和案例讨论的积极性。最后，多数教师的学术背景是单一学科，缺乏多学科理论知识的积累，缺乏跨学科视野。另外，很多教师比较年轻，社会经验和社会阅历不够，难以对社会问题有深透的理解。教师在课前要对课程内容有周密的设计，在课堂上要有灵活的组织协调能力，这些都是开展参与式案例教学的重要保障。

第二，调动学生课堂参与的积极性。参与式案例教学要求教师与学生之间、学生与学生之间形成互动，就必须营造平等、民主、宽松的课堂氛围，才能充分调动学生的参与积极性。这是最关键的问题。首先，教师在课堂上要能够主动让渡给学生一定的空间、时间和机会的权利，让学生走上讲台、举手发言，成为课堂学习的主体；其次，要通过表扬、引导和相应的激励机制，鼓励学生积极参与课堂案例演讲和案例讨论。

第三，正确引导学生案例分析和案例讨论的方向。参与式案例教学是紧密围绕社会工作课程内容开展的，整个课堂围绕一个或几个案例主题展开讨论。讨论的方向由教师把握，对于有分歧的观点，教师要能够及时协调。讨论的落脚点最终回归到社会工作专业的课程内容上。因此，教师的正确引导决定了参与式案例教学的成效。

第四,参与式案例教学中渗透对社会工作专业价值观的教育。参与式案例教学的目标是帮助学生将社会工作专业价值观与自我发展价值观相融合,逐渐形成价值认同和职业理想。因此,在引导学生参与案例演讲和案例讨论的过程中,一定要渗透对专业价值观的教育,这是参与式案例教学的落脚点。具体来讲,就是要在每一个案例的分析中渗透对社会工作专业价值观的探讨,帮助学生在探讨的过程中改变认知,从而改变价值观。

参与式案例教学要求学生要有一定的观察社会和思考社会问题的能力。学生要具备一定的社会工作理论知识和方法基础,一般对大二、大三年级的学生比较适合。学生要有课堂参与的积极性,当然要靠教师鼓励和运用相应的激励机制来调动。

## 四、结论与思考

参与式案例教学改革是基于建构主义教学观、学习观,将参与式教学与案例教学相结合的一种新模式,是社会工作专业课堂教学的一种新探索。其最突出的特点在于形成平等、开放的课堂教学理念,改革社会工作灌输式教学为互动式教学;改革以教师为主体向以学生为主体教学模式转变;改革以课堂教学为主,向课内外结合转变;改革以终结性评价为主向形成性评价为主转变。参与式案例教学改革的动力机制和亟待解决的核心关键问题,是转变课堂教学理念和提升教师素养、调动学生课堂参与的积极性、正确引导学生案例分析和案例讨论的方向,参与式案例教学中渗透对社会工作专业价值观的教育。

# 法学教育中多层次案例教学模式的探索

朱晶晶①

**摘　要**：案例教学在法学教育中具有重要地位。现有案例教学存在法学教师对案例教学的认识较为片面，不同法学专业所设置的案例教学课程多而杂，未能依据案例教学内容的难易度、形式的繁简性有层次性地设置不同的案例课程等不足。案例教学的展开不能采用"一刀切"的模式，应综合考虑学生年级、知识储备、具体专业、法律思维、实践能力等要素，探索"多元化"案例教学，构建多层次案例教学模式。具体可分为低阶案例教学方式：举例教学，中阶案例教学方式：案例分析教学；中高阶案例教学方式：案例研究；高阶案例教学方式：比较案例研习四个层次。此种多层次案例教学模式的落实，应体现在课程设计和安排之中。低阶案例教学可贯穿于整个法学教育过程，但主要适用于法学本科一年级；中阶案例教学适用于法学本科二、三年级，包括案例分析课程和模拟法庭等实务课程；中高阶案例教学适用于法学本科四年级，可与毕业论文相结合；高阶案例教学适用于研究生教学，深化和强化研究生法学知识结构。

**关键词**：法学教育；案例教学；多层次；课程设置

党的十八届四中全会通过的《中共中央关于全面推进依法治国若干重大问题的决定》，是建设社会主义法治国家的重要内容，为法治中国、法治建设改革的稳步推进指明了方向。法治的推进与法治人才的培养密不可分。后者是前者的基础，贯穿于前者的始终。法治人才是法学教育的成果。这意味着法学教育在法治国家的建设过程中具有举足轻重的地位。从时间上看，我国法学教育始于20世纪50年代初，经历了谨慎发展、疯狂增长的阶段。② 其间也出现了各种各样的困境。法学教育正是在面对一个个困境的过程中获得长足的发展。为了深

---

① 朱晶晶，浙江财经大学法学院讲师，法学博士。

② 江平于中国政法大学甲子华诞之际接受《法治周末》采访，对我国法学教育进行回顾，将第二阶段的法学结语称为"过度发展、疯狂增长"的阶段。

化对法学教育的认识以及更好地应对新时期的需求,近年来法学教育界召开了多次全国性的学术研讨会,对我国法学教育的性质地位、培养目标、教育内法学教育内容、教育改革、培养模式、质量标准等问题进行了讨论。中央政法委、教育部也联合启动了"卓越法律人才教育培养计划"①,以改善和提升我国高等法学教育现状和质量,为我国法治建设提供助力和人才保证。无论是会议讨论还是计划文本,都直接或间接提及案例教学在法学教育中的重要性。探索案例教学在法学教育中的展开模式成为必须完成的任务。如何恰当充分地发挥案例教学的作用,是法学教育面临的难题之一。

## 一、案例教学的现状与不足

与其他人文科学相比,法学最大的特色之一是与实践紧密相连。这就要求法学教育必须同时负担起教授法学知识和培养法律技能的重任。只有具备知识和技能的法科毕业生才能胜任实际的法律工作,成为真正的法律人。至此,法学实践教学被列为法学教育的重要组成部分。在法学实践教学中,案例教学处于关键性地位。这一认知在全球范围内得到普及,只是不同国家对该认知的贯彻方式并不完全相同。其中,具有代表性的是美国和德国。

美国采用的案例教学模式为"个案教学法",其精髓是训练学生"像律师一样思考"。这与美国法学教育以律师为培养目标,与法律职业实践紧密结合的培养模式密切相关。② 以职业教育为重点的案例教学方法,是由美国哈佛大学第一任法学院院长兰德尔创设的。他指出:"被作为科学的法律是由原则和原理构成的。每一个原理都是通过逐步的演化才达到现在的地步。换句话说,这是一个漫长的、通过众多的案例取得的发展道路。这一发展经历了一系列案例。因此,有效地掌握这些原理的最快和最好的——如果不是唯一的——途径就是学习那些包含着这些原理的案例。"③因此,美国法学教师往往在案例分析中引导学生剖析案例中的基本原理、法治精神、提炼裁判规则等。此后,美国还发展出了法

---

① 教育部、中央政法委员会于 2011 年发文《关于实施卓越法律人才教育培养计划的若干意见》(教高〔2011〕10 号);2018 年发文《关于坚持德法兼修 实施卓越法治人才教育培养计划 2.0 的意见》(教高〔2018〕6 号)。

② 王泽鉴:《法学案例教学模式的探索与创新》,《法学》2013 年第 4 期,第 40 页。

③ Amy Raths McAninch, *Teacher thinking and the case method：theory and future direction*, New York：teacher college press, colum-bia university, 1993, p. 64.

律诊所教育。德国的案例教学模式则为"实例研习"。这是因为德国法律教育以培养法官为导向，将法学教育分成两个阶段。阶段一：法律素质教育，发生于学生本科阶段，由法学院承担；阶段二：法律职业培训，发生于实习和工作时期，由法院、行政机关、律师事务所等实务部门承担。

我国的法学教育模式与美德存在较大差异，介于"通识型"与"学术型"之间。① 也正因如此，教育目标更注重于传授法律知识，教授法学原理、法治理念，以及培养法学研究人才。尤其是在法学教育发展的初期，缺乏对学生职业能力提升的关注，既没有美国式的律师职业培训，也没有德国式的专门实务训练。所导致的结果是法科毕业生无法满足实务部门和单位对法律人才的要求。② 为了解决这一问题，在教育部和各大院校的共同努力下，"实践性"和"应用性"逐渐成为我国法学教育的导向。在该导向下，案例教学开始以各种各样的形式活跃在法学教育之中。其活跃度在广度和深度上都得到了一定体现。在广度方面，案例教学几乎覆盖了法学教育的各阶段，包括法学本科教育和法学研究生教育。每阶段的法学教育中，各法学专业也结合本专业设立各种案例课程。最典型的是民商法、经济法、行政法等部门法开设的案例课程，甚至作为基础理论课程的法理学、法学概论等也开始积极利用案例教学。在深度方面，首先，对于案例的选择既包括简单案例，也包括疑难案件；其次，关于案例的适用方式，存在模拟法庭、法律诊所、案例分析等繁简不一的适用类型。在课堂中，不同的老师对案例进行解析的思维逻辑不尽相同。此种"百花齐放"的情形对案例教学的普及起到了极大的推进作用，但同时也带来了一些消极后果。

由于我国并未出台有关案例教学的统一规范，实际法学教育中不同院校、不同法学专业以及不同法学老师在进行案例教学时往往无法规范展开，从而使得当前的案例教学存在一系列不足。这些不足主要体现为以下几点。

其一，法学教师对案例教学的认识较为片面，③呈现出两极化。一部分法学教师将案例教学等同于举例教学，仅在教授法学理论知识的过程中，利用简单案

---

① 法学教育主要有四种模式。一是"通识型教育"，注重学生人文主义知识及其他学科知识的学习，以近代法国为例；二是"学术型教育"，这种模式具有较高学术性与理论特色，以近代德国为例；三是"学徒式教育"模式，注重"手把手"教学模式，以近代早期的英国为例；四是"职业教育模式"，注重实践操作能力的培养，以美国法学院为例。参见郑成良：《论法学教育与司法考试的衔接——法律职业准入控制的一种视角》，《法制与社会发展》2010 年第 1 期，第 121—128 页。

② 王泽鉴：《法学案例教学模式的探索与创新》，《法学》2013 年第 4 期，第 40—41 页。

③ 林艺芳：《法学本科案例教学研究：兼论"阶梯式"案例教学模式之构建》，《课程教学》2021 年第 10 期，第 97 页。

例对理论知识的内涵展开进一步阐释。这些案例一方面在案情上较少具有深入分析的价值,另一方面为了与讲解的理论知识相契合,会对案情进行改编,甚至出现怪异的案情,从而与实际情况脱节。另一部分法学教师认为案例教学仅服务于实践技能培养,将基础课程与实践课程完全割裂,仅在实践课程中进行案例教学,限缩了案例教学的效用。

其二,不同法学专业所设置的案例教学课程多而杂,造成学生修读的困难。法学尤其是法学本科的课程既包括共同性的基础课程,也包括各部门法的具体课程。而各部门法的内涵基本都包括对实际案例的处理。这导致出现了合同法案例研习、公司法案例研习、侵权法案例研习、物权法案例研习、行政法案例研习等一系列课程。考虑到必修课程学分的有限性,这些课程多以选修课的面貌出现,学生的修读率受到极大影响,从而造成课程浪费。此种分散化的课程设置方式是否可取,值得进一步思考。

其三,未能依据案例教学内容的难易度、形式的繁简性,有层次性地设置不同的案例课程。一方面,未能有效区分本科教育与研究生教育中案例教学的不同,存在重复教学的现象,降低了研究生教学的有效性;另一方面,在法学本科教学中,针对各年级所设计的案例教学具有较大的相似性,未能很好地体现出递进性,从而影响到学生相关能力的进一步提升。

## 二、多层次案例教学的内涵与建构

当前,法治已成为我国治国理政的重要方式,法律在社会治理中的地位日益重要,法科毕业生亦成为急需人才。这就要求作为法律素养与专业技能培训的法学教育承担起相应的职责。[①] 如若在法学教育中占有重要地位的案例教学在落实过程中存在不足,无法发挥其应有的效用,则必将带来法学教育的部分缺失。也正因如此,有必要探索新的案例教学模式来弥补现行模式的不足。而仔细分析现行案例教学模式的不足,可以发现造成这种不足的根本原因在于对我国法学教育客观条件和基本目标认识的偏差。我国法学本科教育与研究生教育的侧重点各不相同。前者侧重于通识性教育,学生对法学知识和技能的掌握是一个从无到有的过程。同时,该阶段也担负着传输合格研究生的作用。此外,在

---

① 于洋:《案例教学视野下的法治思维培养——以法律方法为切入点》,《法律方法》2021年第33卷第1期,第271页。

大类培养的模式下,本科真正的法学教育基本被压缩在两年之内。后者则兼具通识性和学术性,从而进一步被区分为专业硕士和学术硕士,学生将在一定基础上接触到更为专业和精深的法学知识和技能。然而,无论哪一种类型,学制都较短。另考虑到毕业论文的撰写,可实行案例教学的时间大致仅有一年半,这就意味着在法学教育中不可能对案例教学做出"一刀切"的规定和设计。案例教学应当朝着多元化的方向发展,既服务于基础法学知识的传授,也服务于法学实践能力的提升,实现培养基础知识扎实、满足法律实务需求的综合性人才的目标。[1]至此,多层次案例教学的概念应被提出。

多层次案例教学要求在建构案例教学模式时综合考虑学生年级、知识储备、具体专业、法律思维、实践能力等多方面要素,应对各种需求,展开不同形式的案例教学,以全面发挥案例教学的作用。所谓"多层次"可以分为两个维度:维度一,针对不同年级、不同学生类型展开有针对性的案例教学,并设定不同的要求和目标,在纵向上呈现出不同的层次性;维度二,在同一年级、同一学生类型中,结合不同法学课程的自身特点设计不同的案例教学方式,在横向上呈现出不同的层次性。

基于此,对两个维度进行融合,多层次案例教学具体可依如下逻辑进行建构。

第一层次是最低阶的案例教学方式:举例教学。其主要指向在解释概念或规则原则时,引入具体案例作为阐释的依据。就本质而言,在学习特定法学知识点时,描述性讲解仍然处于主要地位,案例仅仅起到辅助性作用,举例教学属于理论教学的方式之一。由于该方式运用到了案例,且有效地提高了学生理解知识点的效果,将其纳入广义的案例教学之中亦属可行。该层次中的案例教学方式在不同法学课程中并不存在明显差异,适于在法学基础课程中进行运用,常见于本科低年级阶段。

第二层次是中阶案例教学方式:案例分析教学。也有人称为教学型、解析型案例研究,或鉴定式案例分析。该层次案例教学的目的主要在于训练法科学生的用法能力。[2] 这种案例分析主要是利用法律关系分析方法或请求权基础分析

① 林艺芳:《法学本科案例教学研究:兼论"阶梯式"案例教学模式之构建》,《课程教学》2021年第10期,第99页。

② 鉴定式案例分析的叫法来源于德国。德国法科学生在大学阶段的案例分析是根据案件任务书给定的案件事实,撰写一份鉴定式的案件分析报告,即"鉴定式分析报告"。参见德特勒夫·雷讷:《鉴定式案例分析法的基础与技术》,黄卉编译,《法律适用》2021年第6期,第136页。

法来分析案例,为待处理的案件或例子提供法律适用的具体方法。在这一教学过程中,学生需要完成的主要内容是将案件具体事实与法律规范进行有效对应,通过案例分析来展现判决的思路、训练法律思维和法律解释的能力,属于如何适用法律的适用方法的研习。① 在实务中,主审法官往往在《人民法院案例选》《人民司法》《人民法院报》将自己审理的案件通过案例分析的形式进行呈现。这意味着该层次中的案例分析所训练的其实就是法官、律师等法律从业者处理案件的思路,有助于学生基本法学素养的养成。正因为如此,能适用案例分析型教学的学生必然具有一定法学知识储备但尚未接触过实务,可于法学本科二、三年级集中展开。

第三层次是中高阶案例教学方法:案例研究。在对该层次的案例教学进行具体分析前,首先需要区别案例分析与案例研究。一方面,案例分析主要针对且局限于特殊个案,而个案分析是根据案件的特殊情形展开的讨论,往往难以超越个案本身而直接得出一般性的或理论性的内容。另一方面,案例分析在针对个案时总是仅谈观点而缺乏理论论证,未能对理论进行论证。此外,案例分析重在对案件纠纷的具体解决,一般不引用相关文献、不梳理学术观点、不展开观点争论,不论证理论。而案例研究则恰恰在这些方面对案例分析进行补充,案例研究能够在案例分析的基础上加深学生对法律的理解,并锻炼学生文献阅读和学术研究的能力。这些能力是学生完成毕业论文和进入研究生阶段的必备要素。因而,有必要在法学本科四年级开始的第一学期开设相应课程。该课程的内容可根据不同的案例研究方式进行设计,具体分为个案研究、类案研究和案例统计研究。考虑到案例研究都以案例为基础,仅介绍具体的研究例子并不全面,而应当以教授方法论的方式展开。方法论的内容包括如何检索案例、如何阅读案例以及如何写作案例研究论文。该层次的案例教学在某种程度上可以改善法学本科毕业论文过于抽象、内容过于浅显的缺点,使学生善于从案例中发现可研究的问题,亦使其研究具有实用性。

第四层次是高阶案例教学方法:比较案例研习。在法学的学习和研究中,比较法的身影无处不在。法律比较存在的优点不言而喻,包括"各国人民之间更好地相互理解,最为合理的国际公法的产生,不同法律规范的统一和一体化,国内法的改善"②等。正因为如此,在法学本科的教学中,虽然一般没有专门的比较

① 周江洪:《作为民法学方法的案例研究进路》,《法学研究》2013 年第 6 期,第 19 页。
② 罗道尔夫·萨科:《比较法导论》,费安玲等译,商务印书馆 2014 年版,第 4 页。

法课程，但法学教师往往会运用比较法内容来强化和深化对相关知识的讲解。在法学研究生的教学中，则常见比较法课程的开设。此类比较法课程往往是对不同国家或地区的制定法或概念体系进行比较，而较少见纯粹的比较案例课程。实质上，在不同的国家或地区，即使是看似相同的法条，其实际运作结果也可能不同。仅观察语言技术、规范模式、法学体系等表面现象，并不能得出各国法律的共同性，也无法得出它们之间真正的差异。这一不足导致晚近比较法学者不再将制定法和概念体系作为主要的研究对象，而是更加关注法律实践活动，尤其是一国司法机关的裁判或判例。① 在欧美比较法学界，案例比较已经成为新生的宠儿。但也有人会怀疑，我国的案例与国外的案例是否具有可比性。这并不需要担忧，因为从功能主义角度出发，任何国家所发生的法律问题都具有相似性，我国当然也不例外。最为典型的例子就是重庆市第四中级人民法院审理的著名的挖断电缆案。② 由此可见，比较案例研习是一种更高阶的法律能力，尤其在处理疑难案件时能够发挥重要作用。在研究生阶段，开设相关的比较案例研习课程，将能够进一步提高和完善法科学子的法学知识和法律技能。

由此，四个层次的案例教学模式形成层层递进关系，能够全方位地培养学生的理论掌握能力和实务处理能力。

## 三、多层次案例教学模式的落实

仅有多层次案例教学模式的设想和建构并不够，还需要将该模式切实地嵌入落实在大学法学教育之中。这种嵌入和落实主要体现在课程设计和安排上。与传统课程设计仅在教学大纲中纯粹加大案例课程的比重不同，多层次案例教学并不刻意要求在课堂中增加案例教学的比重，而是重视不同阶段案例课程所起的作用，具体应根据各层次案例教学的作用和适用对象进行设计和安排。

本科一年级：不单设专门的案例研习课程，由教师在上课过程中通过适用举例教学的方式强化学生对基础知识的理解。当然，举例教学的方式应当贯穿在法学教育的整个过程中。

本科二年级：针对具体课程适当加入案例分析内容。所谓的具体课程以实用性较强的部门法课程为主。例如，合同法、物权法、侵权法、行政法等。案例分

---

① 朱晓喆：《比较民法与判例研究的立场和使命》，《华东政法大学学报》2015 年第 2 期，第 149—160 页。

② 参见重庆市第四中级人民法院（2006）渝四中法民一终字第 9 号民事判决，重庆市高级人民法院编：《重庆审判案例精选》（第 2 辑），法律出版社 2007 年版，第 191—196 页。

析可以通过不同的途径加入部门法教学中。途径一，单设部门法案例研习选修课，如民商法案例研习、行政法案例研习。途径二，适当增加相关课程课时，将案例分析与理论知识教学放在同一门课程中完成，案例分析部分可体现在课程教学大纲的安排之中。如将合同法分论设计为 3 课时的课程，其中 2 课时用于理论知识教学，另外 1 课时用于案例分析教学。两者可穿插进行，亦可先集中进行理论知识教学，后集中进行案例分析教学。两种途径各有优劣。途径一可使案例分析进行得更加充分，但因为被设计成单独的一门课程，会加重学生学习的负担，可能出现选修率不高的结果。途径二并未给案例分析预留过多的课时量，但能够将理论知识与案例分析进行更好的结合，并提升学生的学习动力。

本科三年级：安排模拟法庭或实务导师课程，使学生能够更加真实地接触实际案件的处理过程，从而能够将大学一、二年级中学到的书面知识得到真正的运用，进一步加强学生的实务技能。

本科四年级：在四年级初或者步入四年级前的短学期开设案例研究的方法论课程。四年级的学生将准备撰写毕业论文。考虑到选题、论文撰写等方面的任务，案例研究课程此时可发挥为学生厘清思路、提供方向的作用。此种案例研究课以方法论的介绍为主。另外，不同的部门法在进行案例研究时可能存在各自的特色，可将该课程以拼盘课的方式进行呈现，使学生尽可能在该课程中了解到更为全面的案例研究方式。

研究生：法科研究生无论是专业型硕士还是学术型硕士，都有较全面的法律知识体系。该阶段的案例课程应当以比较案例研习为主，旨在拓展研究生的知识面。该课程的设计与案例分析课程相似，也有两种途径：途径一，专门设置比较案例课程；途径二，将比较案例内容置于已存的比较法课程之中进行展开。具体采用何种途径可结合研究生的培养方案，其他课程的安排情况等因素进行综合考虑。

# 四、结 语

随着时代的发展，实务需求的反馈，以及对法学教育认识的深化，案例教学越来越受到重视。因而，现在法学教育所面临的问题不是需不需要案例教学，而是如何做好案例教学。这是一个逐步探索和逐步完善的过程。教育的本质告诉我们，"一刀切"的做法不能满足需求，甚至可能带来负面效应。在设计和落实案例教学时，应当综合考虑多方面因素。多层次案例教学模式的提出即应对此做出回应。需要注意的是，该模式并非意味着各层次之间要进行绝对区分，只是不同层次的案例教学在方式和内容方面各有自己的偏重点。一般而言，低层次的案例教学可以在中高层次的案例教学中适用，但反向适用困难会较大。因为，高层次的案例教学以学生拥有相应的知识储备和技能锻炼为前提；在学生的知识和技能储备量不足时，高层次的案例教学会给他们带来过大的压力，反而出现形式大于效果的现象。当然，无论哪种层次的案例教学都以法学教师拥有相应的能力以及对案例教学有正确的认识为前提。法学教育不仅是对学生进行知识传授、技能锻炼的过程，也是法学教师不断自我进步的过程。

# 以生态主义平衡理念介入法学专业课的思政教育

## ——基于环境法的教学思考

陈 波[①]

**摘 要**:法学专业课程的思政教育是以专业课人才培养方案为依据,以专业课教学标准为指南,将政治认同、家国情怀、文化素养、法规意识、道德修养等思政内容融入课程教学中。由于价值定位、社会导向、评价方式等问题,思政元素在法学专业课教学中仍然无法得到重视。生态主义平衡的教学理念把教师和学生都作为课堂平衡的主体,注重课堂总体平衡、结构平衡、教学手段平衡。文章借鉴生态主义平衡理念,将其运用于法学专业课与思政元素融合的教学中,并以环境法专业课程为例,认为在教育环境中应树立思政教育理念,同时平衡教学中教师、学生、教学环境间的关系,实现法学专业课与思政元素的教学融合。

**关键词**:法学;环境法;思政教育;生态主义平衡

## 一、问题的提出

习近平总书记在 2018 年全国教育大会上围绕"培养什么人、怎样培养人、为谁培养人"这一根本问题,强调了坚持立德树人,加强学校思想政治工作,推进教育改革的重大意义。

近年来,《中共教育部党组关于加强高校课堂教学建设提高教学质量的指导意见》《高校思想政治工作质量提升工程实施纲要》等文件出台,进一步指出高校相关课程渗透思政教育的重要性。

思政教育是以人才培养方案为依据,以各专业教学标准为指南,围绕政治认同、家国情怀、文化素养、法规意识、道德修养等思政内容供给,将社会主义核心

---

① 陈波,浙江财经大学法学院讲师。

价值观、中华优秀传统文化等融入课程教学中。不同专业思政内容各不相同，因此要深入梳理各专业课教学内容，结合人才培养方案，确定各专业的思维方法和价值理念，深入挖掘相关课程的思政元素，有机融入专业课程教学，达到潜移默化地提高学生思想素质的育人效果。①

环境法作为法学的一门新兴学科，不仅涉及法理学、民法、经济法、行政法、刑法等国内法、国际法，也涉及环境科学、生态学、管理学、经济学等其他自然学科和社会学科，需要运用各方面知识进行协调统筹。环境法课程是研究对国家环境保护、资源开发法律制度设计、实施等方面的综合性法学学科。习近平总书记在全国生态环境保护大会上强调，要自觉把经济社会发展同生态文明建设统筹起来，加大力度推进生态文明建设、解决生态环境问题，坚决打好污染防治攻坚战，推动我国生态文明建设迈上新台阶。党的十八大以来，国家加快推进生态文明顶层设计和制度体系建设，加强法治建设，大力推动绿色发展。

当前在环境法课程教学中，思政元素在学校、教师、学生当中仍然无法得到重视。这不仅是受到教学过程中的软硬件因素的影响，更为重要的还是基于思政内容在专业课程当中的价值定位、社会导向、评价方式等出现了问题。为了解决环境法等专业课程中，如何有效融入思政元素的问题，本文基于生态主义平衡理念，以生态主义中各生态因子间的动态流动和协调统一为基础，应用于环境法的思政教学中，把环境法与思政元素的讲授视为一个统一、有机的系统，以此处理好教师与学生之间、师生与教学环境之间的关系。

## 二、环境法课程中对思政元素的融合现状

目前，环境法课程教学中由于过于关注专业课程，并不太注重思想政治教育工作，导致即使教材或专业内容中存在思政元素，但更多的是流于形式，观念守旧、理论与实践严重脱节。② 从现象上看，目前环境法的思政教育中存在的问题主要包括以下三方面。

一是环境法教学中的思政内容过于理论化，学生兴趣点不大。环境法教学需要紧密结合实务案件或事例，但思政元素往往涵盖法律、经济、心理学、政治、哲学等领域，多为枯燥理论，偏离学生实际需求，缺乏趣味性，无法吸引学生的

---

① 龚一鸣：《课程思政的知与行》，《中国大学教学》2021年第5期。
② 杨威、汪萍：《课程思政的"形"与"质"》，《马克思主义与现实》2021年第2期。

兴趣。

二是环境法课程中对思政元素的教学方法和手段单一,学生积极性不高。大多数环境法内容中的思政元素,老师主要是采取"纯讲授式"教学模式,缺乏互动,没有真正做到以学生为主体,导致学生主动学习的积极性不高。

三是对环境法中的思政元素进行教学评价的方式较为单一,忽略学生差异性。环境法思政教学评价方式一般以考查经济、政治、哲学、道德、法律、心理健康等理论知识为主,且评价方式和主体偏单一化,忽略了个体差异性,无法全面考查每个学生的综合素质。

从上述现象可看出,能否有效推动思政元素在环境法教学中的运用,主要还是基于各类教学元素能否协调一致、有效结合起来。这些要素主要包括教师、教学环境(包括教室、室内布置、教材、教案、多媒体工具等)和学生三要素,教师是主导要素,教学环境是工具要素,学生是主体要素。而围绕上述三要素又进一步衍生出教学体系、教师地位、学生类别、现代信息技术、班级种类、人际关系等因素。①

以核心三要素为分析点,可以发现环境法课程中无法有效融合思政元素的深层次原因。

一是专业课教师没有接受过系统的思想政治教育教学专业学习,大多不具备思政教育的能力。多数专业课教师认为应认真讲授专业知识,而思政教育应该由更为专业的思政老师或辅导员来完成,导致重智育、轻思政的教育理念普遍存在。

二是教育环境侧重强调为社会培养德才兼备的综合型人才,教学课程的开展多根据社会和用人单位对学生专业知识的要求而设置教学内容,对于学生思政的教育大多流于形式,很难达到真正的教书育人目的。

三是学生在不同思想的冲击下可能会产生一些不成熟的意识,对思政学习的认识不足。当今社会发展迅速,媒体形式众多,思想呈现多元化,对思政教育所倡导的主流社会意识形态和核心价值体系带来巨大冲击。

---

① 许小军:《高校课程思政的内涵与元素探讨》,《江苏高教》2021年第3期。

## 三、生态主义平衡理念对环境法课程与思政元素教学融合的影响

### （一）生态主义平衡的教学理念

生态主义平衡概念与哲学上的平衡概念在学理上是相通的。生态主义平衡理念强调系统中各生态要素之间的动态流动和协调统一。生态主义平衡的教学理念核心在于,把课堂视为一个统一、有机的系统,重在处理好教师与学生之间、师生与教学环境之间的关系,维持课堂所有关系的平衡,促进教学的最优化。[①]课堂教学实际上是将教学各要素之间以及要素内部各方面之间有机地生成包容、协调、和谐、相对稳定的统一状态,使课堂各要素之间以及要素内部各方面之间通过相互作用达到相对稳定的统一状态。

生态主义平衡的教学理念是把教师和学生等都作为课堂平衡的主体,明确多主体的平衡,注重师生之间、师生与环境之间的协调发展。课堂的平衡作用主要在于,注重课堂总体平衡、结构平衡、教学手段平衡,注重师生之间、生生之间的互动,并赋予教学环境人性化,以求促进思政教学生态品质的平衡。[②] 生态主义平衡的教学理念核心是调整教学结构,使教学要素在不同教学环节、不同教学进程中合理且均衡地搭配。如,通过答疑、讨论、辩论、朗读等教学活动,或者在传统教学与多媒体教学过程中实现相互包容的状态。

### （二）生态主义平衡理念对环境法思政教育的影响

环境法作为专业课程,其课程设置是希望通过对环境问题的描述,表达现代环境问题对法律提出的新要求。学生通过学习,应能了解到生态环境是关系党的使命宗旨的重大政治问题,也是关系民生的重大社会问题;能够全面形成绿色发展方式和生活方式,能够掌握人与自然和谐共生的理念,在基本原则当中去深入把握物质文明、政治文明、精神文明、社会文明、生态文明全面提升的生态文明战略。生态主义平衡理念对环境法与思政教育的有机融合,就是将教师、教育环境和学生三要素形成紧密的协调关系。

在传统的环境法备课环节,需要在教学大纲和思政目标的双重指导下,更好

---

① 梅纪萍、陈跃兵:《以"课堂平衡"为视野构建生态思政课堂》,《江苏高教》2019 年第 8 期。
② 刘清田:《略谈课程思政的内生性》,《中国大学教学》2020 年第 11 期。

地将教学内容表达给学生,侧重点就是如何运用各种手段将思政知识点进行表达讲授。由于环境法基本制度本身就是国家所树立的以治理体系和治理能力现代化为保障的生态文明制度体系,因此对从生态系统良性循环和环境风险有效防控为重点的生态安全体系等方面的思政内容天然地与教学内容进行了融合。专业教师需要做的是去有效地引导学生主动思考、主动探究环境保护、生态安全体系当中的思政知识。教师需要熟识每一个知识点当中与思政元素之间的关联,同时扩大知识范畴,涉猎与思政相关的环境法学科知识。在备课环节,教师还要认真分析学生的共同特征及个性特征,设置出具有共性和个性的环境法思政教学问题,引导的问题要由浅入深、环环相扣。如,在备课污染防治法中要始终围绕习近平总书记提出的"坚决打赢蓝天保卫战是重中之重,要以空气质量明显改善为刚性要求,强化联防联控,基本消除重污染天气。要深入实施水污染防治行动计划,保障饮用水安全,基本消灭城市黑臭水体",使学生通过问题意识学习和了解到环境污染防治的重要性和紧迫性。

生态主义平衡理念对环境法的授课过程,亦体现为利用多元化的手段来平衡教与学的过程。专业教师需要合理利用时间,在有限的时间内将思政内容讲授完毕,再引导学生讨论专业知识基础之上的思政内容。在学生分组讨论的过程中,教师要集中精力去关注每一组学生的讨论过程,时刻准备着对学生思政观点的引导和指正,并对每一组学生提出的环境法中思政问题做出有效回答。课程结束前教师要做好课堂总结,针对学生提出的环境法思政教学的问题和观点进行概括、点评。布置专业课程的作业时,要打破以往下课学生就结束环境法思政内容学习的传统观念。通过专业知识作业和思政作业以扩展学生学习思维、开拓学生学习视野。如学生通过课下收集环境公益诉讼相关案例,并且进行深度学习和分析,在充分掌握环境法专业知识之外,进一步拓宽环境公益诉讼的实践知识,从而意识到这一手段是遏制环境违法行为和救济环境公益的重要法律手段,是全面贯彻科学发展观,建设资源节约型、环境友好型社会的要求,是构建社会主义和谐社会的需要。

## 四、在法学专业课教学中进行思政元素融合的对策建议

首先,整体的教育环境必须要树立起加强思想政治教育的理念。学校、学院要从细节之处落实,及时了解学生对于新时期专业课程中思政内容的意见与建议,尊重学生的课堂主体地位。教师应提升自我综合素质,具备专业知识与思政

内容相结合的教学理念,注重将专业知识与思政内容进行有效结合,以此为依据展开相应的实践课程,引导学生更清楚地认识实际生活中处处存在的思政知识内容。[1] 如表1所示,学校可以要求教师在制定教学大纲过程中,将相关思政内容明确准备和运用于相关章节的备课和教学中。

表 1 《环境法》课程教学思政元素

| 序号 | 教学内容 | 思政元素 |
| --- | --- | --- |
| 1 | 环境法概述 | 生态文明体制建设 |
| 2 | 环境法的基本原则 | 创新、协调、绿色、开放、共享 |
| 3 | 环境法基本法律制度 | 最严格制度、最严密法治保护生态环境 |
| 4 | 环境法的法律责任 | 环境风险有效防控 |
| 5 | 环境污染防治法 | 生态系统良性循环 |
| 6 | 自然资源保护法 | 绿水青山就是金山银山 |
| 7 | 国际环境法 | 参与全球环境治理 |
| 8 | 环境侵权法律制度 | 解决损害群众健康的突出环境问题 |
| 9 | 环境公益诉讼制度 | 公平合理、合作共赢 |
| 10 | 环境执法原理 | 治理体系和治理能力现代化 |

其次,专业课教师主要从事课程教学和科学研究。专业课老师应对自己的思政业务要求有所了解,并利用各种途径提高自身的思想政治修养,丰富思政专业知识储备,并结合自己所讲授的课程内容进行思政内容的发掘和融入点的寻找。比如,在资源保护法律的课程讲授中,可以利用自然资源开发、利用的事故作为鲜明案例,让学生对节约资源、有效利用资源形成深入的认识,使学生认识到着力构建生态文明体系就是要严守生态保护红线,坚持山水林田湖草整体保护、系统修复、区域统筹、综合治理,完善自然保护的管理体制机制。

再次,要充分发挥多元化工具。在专业课的思政教育中,可以利用新媒体信息量大、传播范围广、传播速度快的特点,对学生感兴趣的焦点问题、热点问题利用课程途径宣传正能量。[2] 例如,对国际环境法的学习,要使学生了解到国际环境法中的责任分配,以及我国在国际法上的应有态度,即要实施积极应对气候变

---

① 徐兴华、胡大平:《推进课程思政需要把握的几个重要问题》,《中国大学教学》2021年第5期。
② 马文起:《论高校思政课堂教学强化之策》,《教书育人·高教论坛》2020年第6期。

化国家战略,推动和引导建立公平合理、合作共赢的全球气候治理体系,彰显我国负责任大国形象,推动构建人类命运共同体。专业教师必须打破传统的教学理念,将新的教学思想,比如情景教学法、案例教学法等融入专业课程的思政教育教学活动中,还可以引入慕课、微课、翻转课堂等新一代教学工具,实现现代化专业课与思政内容的融合,增强师生在课堂上的互动性,优化教学结构。

最后,要运用多元手段提高学生的思政素养。思政素养的形成是一个潜移默化的过程。在专业课教育教学过程中,教师应当注重平时的各种要求,包括上课纪律、作业及考风、考纪的贯彻落实,要培养学生遵纪守法的自律性,将思政素养的养成体现在日常的学习生活中。同时,通过学生试讲①、组建听课小组、走向实践等方式,形成角色互换,转变学生被动学习心态,使学生能够积极主动地付出自己的行动,将专业知识与思政内容结合起来,以此培养学生真正的能力。

---

① 叶俊:《思政课堂"学生试讲法"的实践价值分析》,《北京印刷学院学报》2021 年第 7 期。

# "法律职业伦理"课程教学情境化的必要性

## ——基于虚拟仿真教学视角①

孟　涛②

**摘　要：**在情境中学习是一种强调沉浸感、体验感的学习方式。情境化教学是通过将学习者引入特定情境进行教学的方法。采用虚拟仿真技术手段，实现情境的设计和利用，对学习者而言是一种成本较低、实效较强的教育方法，对知识的认知过程和道德修养的内化都具有重要意义。"法律职业伦理"课程通过现代信息技术手段，能够将法学专业学生引入逼真的职业场景中，让学习者通过体验各类法律职业的实务活动，感受职业伦理教育、提升职业伦理信仰。"法律职业伦理"仿真情境教学实验系统，以地图模式、即时实验数据反馈模式以及剧情设计模式，让学生通过模拟角色的形式进行法律职业伦理的训练。

**关键词：**教学情境化；法律职业伦理；仿真情境实验系统

# 一、从学习情境到教学情境化

## （一）对学习情境的观察与理解

### 1. 学习视角下的"情境"

从汉语的角度，"情境"一词是与场景、环境等术语在同一或近似的含义上使用的、能够为我们感知的真实或虚拟的空间概念。情境一旦与学习相结合，便具

---

①　本文为 2022 年浙江省教育科学规划课题"'德法兼修'域下法律职业伦理培育机制研究"（编号为：2022SCG236）研究成果、2021 年浙江财经大学研究生教育创新研究项目"法律硕士职业伦理虚拟仿真教学研究"研究成果。
②　孟涛，浙江财经大学法学院副教授，硕士生导师，法学博士。

有了与一般生活场景、环境截然不同的内涵。学习情境,是能够对学习者通过各种感知方式可以观察、倾听或者体验的综合性域,它承载着特定的知识信息,是学习者能够借此观察、理解和体验学习内容的空间。驾校的训练场地是一种学习情境,这是因为训练场地承载着各种驾驶技能训练的要素;党员干部到监狱进行廉洁自律的警示教育,监狱生活是一种学习情境,党员干部可以通过了解服刑人员的监狱生活以达到廉政教育的目的。

尽管很多研究学者已经关注到了西方国家的学习理论,但事实上将教育寓于情境之中在我国早已有之。"孟母断机""曾子杀猪"等言传身教的教育典范至今仍为人们津津乐道,在真实情境中的学习会让人历久难忘、记忆犹新。

2.学习理论视角下的"情境"

20世纪90年代由国外学者提出的情境认知理论(Situated Cognition),使情境与学习的关系研究有了更高的视角。情境认知理论对学习进行了新的界定,认为学习的实质是个体参与实践,与他人、环境等相互作用的过程,是形成参与实践活动的能力、提高社会化水平的过程;[1]它强调知识是学习者与情景互动的产物,情境认知理论研究人类行为时,多从学习者与学习情境互动的角度,来观察分析学习行为的内容与意义。

虽然情境认知理论使用了"情境"一词,但其能否对当前学校教育具有实践指导意义,尚待商榷。比如有学者认为,情境学习的理论虽然十分完美,且有意义,但这些理论如何达成,常叫人无所适从。[2]尽管情境学习理论深信,在真实互动的情境中学习一定比在传统的教室里学习更生动有趣,但这并不一定意味着在情境中学习就一定更有实效。过多重视真实情境的教学过程,可能出现与学校教育产生割裂甚至背离的现象。情境对于学习的意义,受到诸如学习群体、知识类型和特定的教学目标等因素影响。在当前学校教育的背景下,并非所有学习都发生在真实的情境之下。正如有学者提出的:"情境观从理论的核心来说,为我们解决教学中知识与行动的脱节问题提供了一个很有意义的视角,但我们不应该因此而否认行为观、认知观的价值。"[3]

---

① 陈梅香:《情境学习理论与我国当前高校教学改革》,《江苏高教》2008年第2期,第75页。
② 向光富:《情境学习理论与现代教学》,《内蒙古师范大学学报》(教育科学版)2004年第6期,第19页。
③ 陈梅香:《情境学习理论与我国当前高校教学改革》,《江苏高教》2008年第2期,第75页。

### （二）教学情境化——"情境"的教学视角分析

1. 教学情境化的意义

在当前学校教育的大背景下，情境对学习所能够产生的作用，可以从以下几个方面进行归纳分析。

首先，真实的情境可以在一定程度上激发学习兴趣。身临其境的学习体验，始终对学习者有着天然的吸引力。可以想象，学习者生活在一个真实的社会环境中，无时无刻不是在通过听觉、视觉、嗅觉等实现对客观事物的理解。多元素交织的教学情境刺激着学习者的感官，让学习者不再囿于语言和文字的说教而"沉浸于情境之中"。有学者指出："无论是杜威从做中学教学原则，还是李吉林语文情境审美教学，都告诉我们这样一个道理：在场景中发挥学生的主动性、参与性，唤起他们的求知欲和审美能力，这是我们教学成功的关键。"[①]

其次，从学习者角度，将教育与实际生活情境相结合，其优势还在于能够在较短的时间内理解知识。任何一个学习者能够在真实或者仿真的情境中进行学习，大体上更容易将陌生的学习内容放置在自己可能熟悉的情境之中，从而可以调动已经具有的知识经验进行理解。例如，让一个人理解"盲人摸象"这个成语，大概都会以相关的寓言故事作为开端进行解释，而少有直接通过抽象的哲理说教进行诠释——尽管最终的目标的确是要归结于抽象的哲理。

再次，情境可以有利于学习的实践迁移。有诗云："纸上得来终觉浅，绝知此事要躬行。"以高等学校教育为例，学生的大部分学习时光仍然处于学校之中。因此学生的实践环节，专业实习、社会调研、参加创新创业竞赛等活动往往显得越加重要。有学者已经观察到：在传统的形式化、体系化的知识教学中，知识和分析解决问题的行为被人为分开了；在富于情境的教学中，知识是融入情境中的，学什么、如何学、如何用是相融合的，知识、技能、方法、策略、情感体验是融于一体的，意义与经验是整合的，这有利于知识向高级阶段、理解水平转化。[②]

最后，情境中学习可以对学习者的心理产生重大影响。俗语云：触景生情。教学情境化也是如此，通过生动甚至具有感染性的情境可以实现学习者的情感认同。教学情境化对于德育、美育等类型的思想教育而言，其优势更加明显：通过让学习者沉浸其中，达到知行合一的学习效果。近年来文献资料表明，越来越

---

① 程守梅、贺彦凤、刘云波：《论情境模拟教学法的理论依据》，《成人教育》2011年第7期，第43页。
② 慕晓茹：《课堂教学情境化的价值与理论依据》，《大连教育学院学报》2006年第3期，第7页。

多的思政类课程教师开始关注情景教学的方法,因为传统的说教式教学单一枯燥,甚至引发逆反心理而阻碍了道德规范的内化。

### 2.教学情境化的局限性

我们在认识到教学情境化的积极意义的同时,也要警惕情境对抽象学习和高层次学习产生的消极影响。在当前学校教育的背景下,教学情境化的局限性表现在以下几个方面。

首先,学校教育中并非所有知识的教学都需要情境化。进入规模化的学校教育时代,知识的应用大多是直观和形象的,但作为学习内容的概念、定理等往往是抽象的,是可以脱离具体情境进行学习和教学的。在现代社会中,学习在相当程度上是一种基于经验主义的知识储备过程,这意味着学习往往并不需要特定的情境配合。这也正说明,我国当前学校教育"非情境化"普遍存在的重要原因——对于某些知识类型的学习而言,真实情境的设置无异于画蛇添足。

其次,情境的选择和设计需要较高的教学成本投入。一个直观的认识是,无论是为学生引入还是创设一个学习情境,相比于一般的课堂教学,都需要教师投入更多的精力。在很多教学阶段,学校教育存在将学生领进大自然、引入工厂和企业,甚至将教室装扮成厨房、花园,让学生扮演角色进行现场表演的做法。无论采用哪种形式,学校教育一旦与情境发生关联,都意味着学校、教师甚至学习者本人较高的成本投入。

再次,教学过度情境化的消极后果。任何学习情境只有经过教师的适当选择和设计、与学习的知识内容发生内在联系才具有教学意义,否则会产生类似"不识庐山真面目"的现象。"情境应该具有引起思维的性质,做一件全新的事情,它和现有的习惯有足够联系,足以引起有效的反应。"[①]法学专业学生到律师事务所进行专业实习,整天做一些打印、倒水、清洁等事务,律师事务所的学习情境便显得毫无意义。事实上,对于成人教育而言,当沉浸于与学习内容无密切关联的情境时,学生的学习过程实际上会受到一定的干扰。例如,将法制史的学习放置在法院审判庭进行,显然并不比非情境化的教室更加有效。

最后,情境的教学效果难以被量化。由于学习的主观方面难以观察,我们只能依据学习者所"表达"出来的学习反馈去推测情境对学习动机、兴趣或者学习效益等所能够产生的影响。这样可以说明,为什么做题的正确率常被作为学习

---

① 李继刚:《再现与表现:情境教学中主体之所为》,《上海教育评估研究》2017年第2期,第20页。

效果评价标准，而交际水平、品德修养等却很难通过一张试卷进行客观评价。情境究竟对学习可能产生什么样的作用，因为欠缺统一标准和评价手段，事实上难以成为大学教育效果评估的常态指标。

在当前学校教育背景下，教学情境化应当结合知识对象、学习主体、成本考量以及效益评估等方面进行选择和设计，既不能因噎废食，又不可盲目适用。

## 二、"法律职业伦理"课程的教学情境化

自 2018 年教育部公布《普通高校法学本科专业教学质量国家标准》（以下简称"国标"）之后，在法学专业人才培养标准方面，"法律职业伦理"已被列为法学专业学生必须学习的 10 门专业必修课之一，取得了与民法、刑法、诉讼法等传统必修课程同等的重要地位。在"国标"出台的背景下，我国各大法学专业院系必须重视"法律职业伦理"课程的开设，法学专业教师必须重视"法律职业伦理"的课程设计及相应的教学方法。在"法律职业伦理"课程教学中，最突出的问题莫过于如何通过思想教育让学生内心真正树立起正确的职业伦理意识。

### (一)学而不信——思想教育的说教式教学之殇

所谓学而不信，是指这样一种学习状态：在思想教育类课程教学中，尽管学习者已经了解、理解且掌握了所需要学习的道德规范、伦理规范和行为准则，但因没有内化为自身信仰而使思想教育流于形式。"情境化德育教学的过程与其说是一个施教的过程，不如理解为是对大学生生活描述的脚本，由教育控制转为教育对话，由间接的道德接受转为直接的道德判断。"[①]尽管我国德育教育从来没有舍弃道德规范的内化目标，但事实表明，单一的说教式的道德传导过程并不能有效地提升学生的道德判断能力和自制力。一个人熟悉和了解道德规范，并不当然意味着他能够严格遵守道德规范来约束自己行为。例如，最高人民法院原副院长黄松有、奚晓明违法违纪案件就表明，身为长期就职于国家最高人民法院的法官（均为二级大法官），专业领域已达到最高的学历水平（均为法学博士），但他们的内心早已丧失了法律职业基本伦理信念，严重违反廉洁自律规定。这不禁使人产生疑问：他们难道不了解身为法官的职业伦理？他们难道不明确身为国家机关工作人员的基本职业要求？"说一套做一套""言语的巨人、行动的矮

---

① 郭宝亮、苏双平：《情境化德育教学理论刍议》，《内蒙古农业大学学报》2000 年第 4 期，第 30 页。

子"这类知行矛盾在他们身上体现得尤为明显。正如习近平总书记 2017 年 5 月考察中国政法大学时强调的那样,我国高等教育法学人才应当以"立德树人,德法兼修"作为根本目标。所谓德法兼修,法学人才的"立德"过程,就包含着法律职业伦理的学习和熏陶。如何让法学专业人才在职业伦理方面真正树立信仰,这应当是"法律职业伦理"教学必须要攻克的难题。

### (二)伦理认知与伦理内化的混同

"法律职业伦理"的课程学习内容,既有法律职业伦理规范的技能知识,也有法律职业伦理信仰的内化要求,并且两者的学习方法、教学手段以及学习效果的评价迥然有别。法律职业伦理规范,是针对我国当前法律职业的各类成文伦理行为规范学习的内容,例如围绕律师职业伦理,学生需要认真学习《律师法》等法律法规中对律师执业的基本行为规范,是属于认知的学习范畴;法律职业伦理信仰的内化,主要侧重于训练和培养学生自觉遵守法律职业伦理规范意识,选择正确的道德观和伦理观,增强职业伦理信仰的养成。伦理的规范学习,与伦理的内化过程之间并非简单的表里关系。换言之,规范学习属于法律教义学思维之下的知识型学习范畴;伦理的内化是一个学习者对道德规范形成信仰的过程,这一过程除基本的道德规范知识传授之外,相应的情感熏陶、模仿训练以及全身心感知教学手段都不可缺少。

司马光在《资治通鉴》中写道:"才者,德之资也;德者,才之帅也。"从思想道德教育角度看,没有任何问题比学习者缺乏道德规范信仰更为严重。如果缺乏基本的信仰,思想道德的学习者无论掌握了多少道德规范,无论学习了多少伦理知识,都是徒劳的。如今很多思政类的课程并没有很好地区分知识教学和心灵教育的关系,简单地将知识学习与道德养成混为一谈,其结果就是重视了知识传导,而忽视了人格培育的最终目标。"法律职业伦理"课程面对未来的法律职业从业者,是从法律职业角度进行的专业性思政教育,传统的单一说教式教学已经远远不能达到教学的真正目标,而包括情境化教学等新型教学方法得到了越来越多的关注与研究。

## 三、"法律职业伦理"教学情境化的可实现方式

结合当前我国法学专业教育实际情况,"法律职业伦理"课程教学情境化可以分为以下三种实现形式。

### （一）真实情境

真实情境是客观存在的自然环境或社会场景，例如自然环境或者人工建筑物。就本课程而言，真实的教学情境对于法学专业学生而言，主要体现为到实务部门的工作场景进行实习锻炼、在法学院系建设的模拟法庭开展法律实务实践、通过法律诊所教育参与各类法律实务、到实务部门进行参观访谈，甚至包含各种类型的辩论赛、演讲赛、话剧表演、观看视频作品等灵活教学方式。真实情境的特点是契合了真实的自然或社会环境，学生会更具有直观的学习体会。但是这种情境教学的弊端也非常明显，即不利于计划性教学任务的完成，往往这类教学是针对某一个或某一类的知识内容展开的。例如，演讲比赛可以提升学生对某个专题的认识和理解，但是无法完成学生对职业伦理规范性认知的建构。此外，将学生带入真实情境进行学习需要多种教学因素的配合，特别是涉及学生需要赶赴校外场所进行学习更是如此，难以形成常态性教学。

### （二）仿真情境

仿真情境是对真实情境进行仿真设计和处理的情境，主要用于特定的目的。例如，训练宇航员而设计的仿真太空舱，模拟太空船在宇宙空间里的各种状态，以达到训练和实验的目的。教学意义上的仿真情境，是通过模拟真实情境来达到让学习者产生身临其境的学习效果。仿真情境的优点是一旦经过认真严谨的设计开发，可以在一定程度上反复利用，并不需要实务部门以及校外机构的配合，完全属于学校教育所包含的范畴。此外，仿真情境由于在设计时与学习内容具有非常强烈的针对性和目的性，利用技术手段所表现出来的情境比真实情境更多样、更广泛。同时，以软件形式体现的仿真情境，学习者可以仅仅利用网络传输的方式进行学习和训练，方便快捷，不受时间和空间的局限。但是仿真情境的设计，也是需要一定的教学成本投入，例如采用平面、3D立体技术甚至虚拟实现技术实现的仿真情境都价格不菲，其展示需要借助一定的硬件设备来实现，对教学部门的投入较高。

### （三）抽象情境

抽象情境是通过语言、文字、声音等形式，让学习者可以在头脑中想象出的情境。例如，小说中对武林高手之间的对决场面，通过细腻而生动的文字处理，让读者能够在头脑中可以勾勒出栩栩如生的画面。在当前方法学教学课堂里，教师通过案例进行教学就是通过抽象情境开展教学的实践。由于案例主要体现着具体的法律主体的各类法律行为,学生可以借助案例来准确理解法律条款的基本原理和实际应用。抽象情境由于不借助真实环境或者仿真情境再现手段,教师可以随时随地选择利用,教学成本低廉。这种抽象教学情境的效果,需要学习者在头脑中进行想象来实现,缺乏通过视觉、听觉甚至触觉等全方位的体验,因此沉浸感和体验感并不理想。

## 四、"法律职业伦理"仿真情境教学实验系统的设计

如前所述,"法律职业伦理"教学情境化的形式多样、种类繁多,学校院系甚至教师可以灵活根据教学条件和基础,选择适当形式实施情境化教学。笔者根据多年从事法学专业教学软件的研发经验,对"法律职业伦理"课程的仿真情境实验系统进行初步探索。

通过软件开发设计法学专业课程实验教学系统,大体可以分为虚拟现实技术手段(VR)、2D平面画面以及3D立体画面三种实现形式。采用虚拟现实技术开展仿真教学的情境化目前在教学实践中并不普及。虚拟现实技术条件下的情境教学形式逼真,具有身临其境的实体感,但同时系统对软硬件的条件要求非常高,需要相当复杂的技术支持和费用支撑。从目前学校教育的现实条件来看,动辄百万元甚至千万元成本来开发一套法学专业实验教学系统是比较罕见的。高昂的教学成本会使大多数法学院系望而却步。相对而言,设计开发2D或者3D平面或者立体的实验画面成本较低,不过3D技术成本较2D平面的设计成本更高、维护更复杂、需要的硬件支持更高级。因此考虑到大多数法学专业院系比较有限的教学条件,本文认为目前采取2D平面形式设计仿真情境实验系统是大多数法学院系比较切合实际的选择。以2D平面动画形式开发"法律职业伦理"仿真情境教学实验系统,可以从以下方面进行设计研究。

### (一)角色扮演类型的情境模式

角色扮演形式的仿真实验,比较容易使人联想到电子游戏中的角色扮演类游戏。实际上,通过模拟角色的扮演,非常有助于学生沉浸于情境之中,不仅有利于游戏引擎的设计,同样对教学也具有十分重要的价值。具体设计方案包含以下两种。

### 1.多样化的情境组合形式

考虑到我国法律职业的类型和特点，实验系统将分为法官伦理、检察官伦理、律师伦理、行政执法伦理、基层法律服务者伦理、非诉伦理以及法学教育伦理七个主要实验模块。需要指出的是，每个实验模块都是围绕该职业的特点、伦理规范以及从业环境等多角度进行设计。例如，律师职业伦理实验必须紧密结合律师业务推广伦理、委托代理业务伦理、律师执业伦理等有关规范文件进行设计，保障实验的科学性和规范性。为了实现剧情化的实验形式，实验系统将设计不同情境的对话和任务完成模式，让学习者模拟相关的法律执业者开展教学实验。

### 2.地图模式的场景设计

实验的情境分为大地图情境和二级情境两类。大地图情境是模拟一个城市的格局，设置了不同类型的建筑，例如法院、检察院、律师事务所等，点击进入这些建筑之后，实验场景则切换到了二级情境。大地图模式主要功能是区分实验任务、查找实验场景，并可以增强仿真实验的真实感和趣味性。在大地图模式下，学生通过鼠标进入二级实验情境。例如，学生点击"人民法院"建筑，则进入人民法院的实验情境。当然，如果实验任务并没有安排法院情境而学生自行点击进入，将不会触发任何实验剧情。

二级情境的设计形式是比较丰富多样的。以诉讼业务为例。律师执业过程中可能在会见嫌疑人阶段涉及职业伦理规范，同样在法庭审理阶段也会与职业伦理相联系。因此在相应的情境设计过程中，需要密切联系到法律职业的特点和活动空间，增强仿真实验教学的真实性和全面性。

## （二）法律职业剧情化的实验内容

实验内容的设计，直接决定着实验能否取得预期效果。教学情境化的目的并非仅在于场景的引入和设计，而是通过这种教学手段来实现该课程所需要达到的教学和学习效果。剧情式的实验推进形式，能够增强学习者的好奇心和新鲜感，也有助于法律职业伦理实验的持续性和连贯性。例如，《律师职业道德和执业纪律规范》规定，律师不能诋毁、损害同行声誉，不能虚假承诺或夸大自己的专业能力。为了使这种伦理规范适用于仿真情境，可设计出学生扮演的律师正在与离婚案件当事人赵女士对话情境。经过剧情设计，学生在这一仿真情境中需要做出正确的选择（B项），才能使系统剧情向前推进，并增加实验分数。如果学生选择了 A 项,不仅需要被实验系统扣分,而且根据系统设定情境将强制转换至"职业伦理讲堂",对错误选择进行规范提示和法律后果的展现,强化学生对相应职业伦理的认知能力。

### (三)即时反馈的实验显示机制

根据实验任务要求,学生在情境中主要通过选项选择和完成对话形式进行职业伦理仿真训练。无论是选择还是填写任务,都紧密结合法律职业伦理的重要规范,确保学习者能够在经常性、反复性和真实性的情境中提高职业伦理的素养。为了提高学习者的积极性和参与度,实验系统设计了能够即时反馈实验数据的升级系统。每个学生在职业模拟最初阶段都是从级别 1 开始,随着实验的进行,"经验"随之增加或减少。通过系统设定好的条件,学生在实验过程中充分感受到升级的快乐(当然包括降级的沮丧)。例如,模拟律师的角色与他人的对话,任务是书写《律师法》的相关职业伦理规范条款。如果提交了正确的文字内容,则系统增加该学生在这一级别的相应经验值;如果书写存在错误,则相应在系统中减少该学生的经验值,并要求重新书写。如果增加或减少的经验值达到升级或降级条件,系统则即时显示升级或降级的提示。

教学实验系统借用了游戏的升级引擎,目的是增强实验的趣味性和挑战性。同时,每个学生实验效果的评价,也可以通过该同学所达到的级别进行评判。值得说明的是,实验系统的升级条件,随着级别的提高,所需要的经验相应越多。因此,为了获得良好的实验体验,学生可以通过反复多次进行实验来积累分数。在这种反复尝试的实验模式下,学生对法律职业伦理规范可以形成深刻的印象和牢固的记忆。

## 五、结　语

在信息网络迅猛发展的今天,教师"传道授业解惑"的角色正在经历严峻的考验。既拥有专业知识又熟悉各种教学方法,并且能够灵活运用现代教育技术手段的需要,正在使教师逐渐朝向"复合型"人才方向发展。如何让自己所承担的教学工作目标更容易实现、如何让学生取得更好的学习效率,始终是教师所专注的重大问题。

然而必须承认的是,某种所谓既定的学习模式或者教学模式,都不可能简单套用实际教学环节;任何一种自认为"可以普遍适用"的教学手段,如果偏离了某种教学实践需要，我们便不得不从根本上重新评估或修正这种教学模式的可能价值。教学情境化绝不可能解决学校教育所面临的所有困境，但是以"法律职业伦理"课程为视角进行观察和研究后，本文认为设计科学的教学情境，有助于疏通学生对法律职业伦理的内化，有助于增强学生对伦理规范的理解，有助于提升学生对法律职业道德的信仰；仿真情境实验教学系统的开发与尝试，对"法律职业伦理"课程是一个具有实效性的选择。

# 美国法学院线上教学经验与启示

李海龙 周钰怡①

**摘 要**：随着互联网技术的不断发展，我们逐步进入一个全球化、信息化的技术时代，教育尤其是高等教育面临着信息技术带来的巨大冲击，线上教学开始进入公众的视线。2020 年年初新冠肺炎疫情暴发之后更是引起巨大的思考，后疫情时代如何将重点从最初稳定教学秩序逐渐转移到提高线上教学质量和教学效果。以法学院为例，传统法学教育离不开案例教育、实务教育。在技术时代，线上资源建设、教学设计、教学评价均会对传统教学带来巨大的冲击。本文将阐述美国法学院线上教学的发展，并对其线上教学模式进行研究分析，试图为我国教学改革提供更多的经验与启示。

**关键词**：线上教学；法学教育；课程设计；教学过程；美国经验

## 一、线上教学的含义与发展

### (一)线上教学的理念

在新冠肺炎疫情的影响下，教育部根据国内疫情防控的需要，提出延期开学的要求。中共教育部党组下发了《关于统筹做好教育系统新冠肺炎疫情防控和教育改革发展工作的通知》，要求"充分认识学校在疫情防控期间大规模、成建制开展在线教育教学，是对教育系统应对重大突发公共卫生事件能力的一次检验，对运用信息化手段推进教育教学改革具有重大意义，既要明确当前线上教学教

---

① 李海龙，浙江财经大学法学院副教授、副院长；周钰怡，浙江财经大学法学院硕士研究生。本文曾发表于《财经论丛》2021 年增刊。

什么和怎么教,又要不断探索开学后课堂教学与线上教学的有机结合"。① 随着疫情的好转,学校开学教学逐渐进入传统模式并步入正轨,更多值得思考的是后疫情时代如何利用好线上教学,如何提升线上教学的质量与效果。笔者作为法学教育工作者,更关注的是法学教育如何能够将传统教学与线上教学有效结合。

在美国高校法学院,线上教学的兴起等同于混合式教学的萌芽。混合式教学,顾名思义就是将在线教学和传统教学的优势结合起来,一种"线上"+"线下"的教学模式,结合两者的优点,既能够发挥传统教学模式下教师的引导作用,又能够发挥互联网时代下信息与科学技术带来的便利与效率,引导学生由浅及深地开展深度学习,力图最大限度地发挥学生学习的积极性、参与度与兴趣度。

美国律师协会(American Bar Association)起初对法学教学采用线上教学十分谨慎,一直缓慢并稳定地支持着法学教学线上的发展,在 2018 年年初提议扩大法学院 J. D. 项目允许的在线教学数量。具体来说,基于其"相信法律教育教学可以通过远程教育和传统教育一样有效",美国律师协会提出:(1)将法律学生通过异步在线课程获得的学分总数从 15 个增加到 30 个;(2)第一次允许学生在法学院的第一年获得 10 个学分,从而允许法学院为学生提供选择参加更多的在线课程,以满足他们的法律学位。所以基于上述两种新的标准,美国律师协会将线上课程定义为:学生与教师或其他教师分开超过三分之一的教学,并且教学涉及使用技术支持学生之间以及学生与教师之间的定期和实质性互动。同时在线课程必须"作为学校常规课程批准过程的一部分",并有"教师与学生以及学生之间定期和实质性互动的机会",保证教师可以定期监督学生的努力,以及拥有沟通的机会。

很多人有疑问:线上教学能够达到传统教学的教学质量和教学效果吗? 这尤其是我国后疫情时代大家对于线上教学的担忧之处,但是从上述美国的线上教学理念,美国律师协会的态度我们也可以看出线上教学最重要的就是保证教学的质量,只要有足够的标准进行约束,有足够的机会能够保证教师与学生之间的沟通交流,能够通过互联网技术最大限度地保证教学正常进行,我们有理由相信线上教学能够和传统教学一样有效果。

## (二)线上教学的发展

笔者在对比我国以及美国线上教学的发展后,意外地发现二者线上教学的

---

① 《关于统筹做好教育系统新冠肺炎疫情防控和教育改革发展工作的通知》,中华人民共和国教育部,2020 年 2 月 28 日,http://www.gov.cn/xinwen/2020-02/29/content_5485057.htm。

发展过程可以说是如出一辙，不同之处在于发展的速度以及目前的发展程度。以美国为例，笔者将介绍美国高校尤其是法学院发展的阶段以及目前的发展状态。

在 20 世纪末期，混合式教学就已经开始萌芽，到如今互联网时代快速发展的背景下，混合式教学更是扮演了重要角色。国际上普遍认为混合式教学的发展经历了三个演变时期，分别是技术应用阶段、技术整合阶段、深度融合阶段。[①]技术应用阶段也就是混合式教学的萌芽阶段，传统教学首次开始使用现代化的设备与技术参与到课堂教学中，改变以往一支粉笔、一块黑板、三尺讲台的教学模式，电视机、电脑等进入教室，视频、动画、音频参与到传统的教学中。这样的教学设备很大程度上丰富了教学内容，提高了学生的学习积极性，改变了传统教学的单一、枯燥，这就是我国这十几年来运用多媒体教学的发展模式，我国的混合式教学也就是在这个阶段开始萌芽。技术整合阶段才是线上教学的产生阶段，现代化技术设备已经不再是仅仅扮演辅助课堂教学的角色，而是开始慢慢地独立于传统课堂之外。传统教学与线上教学进行了初步的融合，线上课堂、线上测试为学生在课余时间提供了很好的学习平台，计算机、网络、教师、学生，即使不在教室，也能够完成教学任务。这种独立的教学模式极大地促进了教育速度与效率的发展，也极大地激发了学生的学习积极性与参与度。笔者认为，我国目前来说这个阶段的发展趋于完成。我们在教学过程中，线上的教学模式已经逐渐地扮演越来越重要的角色。深度融合阶段也是发展到目前的被美国称为混合式教学。在"互联网＋"的时代背景下，信息科学技术、现代化设备发展越来越优质，最好的实现方式就是将传统教学模式与线上教学模式融合起来，发挥其两者的优势，进而达到"1＋1＞2"的效果，使得传统教学与线上教学不再是两个独立的个体，而是能够在两者的依托下使得学生拓展学习的物理空间并进行深度学习。

其实，我们可以很清楚地发现，我国关于线上教育的发展也正是有如上的三个阶段，疫情之后线上教学以浪潮似的速度进入大众视野，只是因为当时的环境所迫。实际上，笔者认为此时的线上教学还是处于被动认识的。我国目前线上教学在各高等院校甚至是中小学教育中正处在融合发展阶段，也就是上文所述的第三个阶段，最重要的是要解决线上与线下如何最高效地融为一体，能够做到"1＋1＝2"的效果。笔者所在的法学教育中，不可或缺的是对于学生实务能力的

---

① 孟霆、姜海丽、刘艳磊：《美国高校基于线上线下混合式教学模式的经验及启示》，《黑龙江高教研究》2021 年第 4 期，第 81 页。

培养,这一点在美国高校法学教育中体现得尤其明显,美国律师协会的考虑要点就是把学生培养为毕业之后就能从事律师行业为标准之一。因此,回过头来看我国的法学教育,如何利用好线上的实务资源,与传统课堂上的理论教育相结合,将会是未来高校法学教育能否积极推动线上教育的重要关注点。

# 二、美国高校线上教学在线建设

## (一)在线资源建设

### 1. 大规模在线开放课程

这类课程在美国简称为 MOOC,相当于我国高校近年来不断持续发展的慕课。美国最具代表性的三大课程提供商是课程时代 Coursera、EdX 和在线大学 Udacity。[①] 在美国虽然目前还没有法学院为这类课程提供学分,但大规模地开放在线课程构成了一种完全在线课程的形式。通常是由在某一个领域著名的教授预先录制视频,其中可能包括静态图像、录音或其他视频。任何有互联网连接的人都可以免费对其进行访问,并通过观看相应的视频、图像进行学习。当然也有一些会要求进行付费,或者是规定必须学习达成多少分数之后取得一些证书再进行学习。而且在所有的 MOOC 中,注册人数基本上是无限的。在美国,MOOC 有教学大纲,课程内容通常包括阅读、作业和讲座,是简短的微型讲座。然后,学生按照教学大纲包括阅读课堂材料、观看讲座,参与在线讨论和论坛,完成课程材料的测验和测试。然而,MOOC 的教授在学生互动和评分方面面临着巨大的负担,考虑到参与课程的潜在数千名学生,他们很难向学生提供直接反馈。因此,教授可以选择让助教监督学生的工作并回应讨论板上的学生问题。如果作业或考试无法完成通过计算机自动评分,教授也可以依靠同行评分,即通过几个学生参与评分相同的一份作业。

MOOC 当然对学生有益,因为预先录制的讲座可以让学生随时随地访问课程内容。此外,由于许多 MOOC 是免费或低成本的,它们吸引了具有广泛兴趣的学生,能够灵活地自己选择时间、地点、老师进行学习,这更加能够激发学生的学习兴趣。对教授来说,MOOC 也是有益的,因为它们"鼓励机构寻求合作关系

---

① 宣葵葵:《美国大规模在线开放课程(MOOCs):特征、影响及争论》,《高教探索》2014 年第 6 期,第 71—74 页。

和合作",并已经成为一种创新的工作空间或实验室,帮助发现新的最佳实践,而且选择 MOOC 是一种低成本、高效率的方式,虽然目前在教学设计中还不是所有的教授或者机构能够把教学质量放在最核心的位置,但是不能否认 MOOC 在当今这样一个互联网、信息化、数字化高度发展的时代,教育领域已经离不开相类似的教育模式了。[①]

### 2.混合式课程(包括翻转课堂)

混合式课堂实际上是混合式教学最典型的一种方式,结合了传统的面对面教学和在线教学两种类型。它包括将一些但不是全部的教学转移到在线形式,并通过在线活动补充课堂教学。混合类结构可以采取多种形式,其中笔者详细讨论的是美国翻转课堂结构。需要注意的是,混合式课程并不代表线上教学取代了传统的面对面教学,有些可能根本无法做到完全取代,实际上混合式课程能够起到的作用就是可以更加灵活地决定上课的时间和形式。例如,一位教授可以决定三分之一的课程在网上,其他三分之二的课程在教室里,而另一名教授可以决定在学期开始和结束时进行面对面的课堂会议,其余部分在线上课。混合式教学的优势不仅仅在于能够灵活教学,甚至根据 2010 年美国教育部对在线教育研究的分析:与仅仅是面对面的教学相比,以混合形式教学的学生的学习成绩平均提高了 35%。混合式课程教学当然是有利的,因为在线材料可以补充课堂教学,让教授花更多的课堂时间解决误解,并让学生应用这些材料。例如,如果教授为学生在上课前分配了一个小测验,让他们在网上完成,教授可以查看结果,并制定一个简短的课堂讲座来重新讲述教授被误解的材料。如果教授给学生分配阅读作业和课堂外讲座,学生可能会在课堂上引起他们的误解。混合式学习还允许学生按照自己的时间表学习内容,他们想要重新访问在线材料,并在教授提供的期限内控制他们收到信息的速度。美国一项研究中参与调查的学生表明:混合课程提供了在线活动中合作的机会,增加了学生获得反馈的机会,以及一种不同的方式。

浙江财经大学法学院在民事诉讼法这一课上,采用了翻转课堂的模式开展教学。翻转课堂是指重新调整课堂内外的时间,将学习的决定权从教师转移给学生,对传统的教学模式进行翻转,将以往在课堂完成的知识传授环节放在课前,让学生在课前通过视频的学习方式进行学习,然后把重难点讲授以及知识的

---

① Yvonne M. Dutition, Margaret Ryznartt, Kayleigh Long. Assessing online learning in law schools:students say online classes deliver:503-506.

吸收环节放在课内。在法学院的民诉课堂上，就体现出了传统教学与翻转课堂的差异，主要表现在：一是与其他的课程不一样，关于民诉的基础知识，在课前学生能够通过线上的模式学习教师们已经录制完成的视频，几乎学生自主学习就能够掌握，这一部分的内容不需要再在课堂上展开，这不仅节约了课堂的学习时间，提高了教学效率，还提升了学生的自主学习能力。课堂上仅仅需要把重难点进行讲解，再通过做题的方式进行巩固。二是传统教学是以教师为中心，起着主导的作用，教师讲课，学生听课。在翻转课堂，民诉作为一门程序法，在案例研究、情景模拟、角色扮演、程序模拟等教学模式下，学生与教师之间的互动能够加深学生对所学知识的理解。三是关于作业模式，翻转课堂与传统课堂存在着很大的区别。在民诉课上，由于学生的课前预习能够达到很好的学习效果，那么更多的课堂时间可以允许教师与学生对于作业与联系进行沟通与交流，学生在教师的深度指导下完成有关内容的巩固，能够起到事半功倍的效果。

### 3. 传统课程在线资源建设

除了上述两种教学资源之外，美国高校法学院还可以选择提供另外两种类型的在线课程资源：同步在线课程和异步在线课程。同步在线课程发生在设定的时间表和时间框架上。学生和教授同时在线，讲座、讨论和演讲都在特定的时间进行，所有的学生都必须在同一时间上网才能参加这个课程。相当于我们疫情期间教师的直播上课，提供同步课程的平台提供了用户之间的文件共享，教授和学生都可以使用和查看的电子白板，允许小组或单个用户之间对话的聊天功能，允许教授和学生之间讨论的计算机麦克风、网络摄像头，以及保存会话供以后查看的功能。

而异步在线课程体现了一种时间差，包括阅读、录音讲座和学生活动供学生访问。在这些课程中，学生和教授不会在线或用其他方式实时见面。相反，在一个渐近的课堂中，教学和学习是通过一个在线平台，课程由"模块"组织，包括教授组织的录音讲座、阅读、补充视频和学生活动。简而言之，其实笔者认为这种类型的课程和采用MOOC的教学模式比较类似，就是教师会选择提前将课程录制完毕，然后将视频及相应的材料上传到互联网上，学生点击进行学习。教师通过定期的学生活动来评估学生的学习情况，其中可能包括小测验、讨论板帖子、研究作业或短论文。然后，教授通过在线平台上的沟通工具提供对这些作业的反馈。虽然学生必须在特定的日期前提交活动，但他们可以在一周内选择确切的日期或时间来观看讲座、完成阅读和参与活动，而不参加现场课堂会议。但与

MOOC 还是有着本质的区别,MOOC 作为一种大规模传统课程的在线资源,面向的不仅仅是本校学生,还向校外学生开放,其更多的可以将其看成各大高校独特精品课程的资源共享,能够使得学生获得更多的学习资源。而异步在线课程更多的是相关教师与其学生之间的互动,通过课外学习的一些手段,对课堂教学进行相应的辅助与补充,扩充学生的知识广度与深度,提高学习效率。

### (二)美国法学院在线硕士学位

在线上教学的大浪潮中,美国法学院及法学教授同样致力于探索线上教学开展进程,其中法学院会在网上开设专业课程。另外尤其值得注意的是,在美国许多学校已经开设了在线硕士学位课程,同时得到上文笔者提到的美国律师协会的认可。美国法学院在线硕士学位的开展,可谓是在线教学的一大创新,离不开协会的支持,也离不开法学教授与学生的创新。

美国在线硕士项目主要分为 J. D. 项目和非 J. D. 项目。在美国引起广泛争论的是前者,原因在于 J. D. 类型的硕士之后就能够完全胜任律师,要求非常注重实务的学习。而在线教学很大程度上容易影响传统教学就在于案例教学与实务教学。有美国学者指出,考虑在线硕士学位尤其需要注意以下两点:第一,在线教育将如何或应该如何改变法律的教学方式。一些人将在线教育描述为一个重新想象法律教育的机会,但另外有人指出在线教育可能会破坏传统法律教育的严格性,可能对新的法律从业人员和他们服务的客户不利。第二,在线教育将如何影响法律实践。在线教育会在多大程度上影响法律专业满足客户需求的能力?它会改变法律专业的人口组成、技能或精神吗?[1]

随着学者通过对匿名学生的调查或者形成焦点小组的研究,这些问题都能够迎刃而解,美国律师协会的态度也是缓慢并有力地支持着美国法学院在线硕士的开展。学生的反馈主要包括:(1)线上教学可以降低成本,不管是时间成本还是金钱成本;(2)在线教育可以在法学院的课程中占据一席之地,因为通过信息技术的加持,他们在学习中获得了更好的学习体验;(3)在线教育将激发创新,其提供了一个从根本上重新思考如何"最好地做"法律教育的机会;(4)可以增加获得公平对待的机会,在线法学教育可以为缺乏接受高等教育机会的人口建立机会,进而增加为低收入群体获得法学服务的机会;(5)学生最关注的中心点在于在线教育的质量,只要教师设计教学的过程中可以负责任地和传统线下教学

---

[1] Max Huffman. Online learning grows up-and heads to law school:70.

一样,保证教学的质量,那么就不必担心会不会影响传统教学,会不会改变传统教学的方式。实际上,线上教学完全能够达到传统教学的效果。

对许多法律教授来说,在线教学是一种新的体验和挑战,既需要满足美国律师协会的要求与限制,又需要满足学生对优质课程的期待。即使在美国在线教育发展较快的如今,他们仍然在思考如何在线构建这些模型的有用指南,确保学生在快速的在线环境中参与学习的课程。其实笔者认为,美国学者的一些调查最终表明的都是一个核心:不管线上教学怎么开展,只要能够保证质量,就能够与传统教育最好地融合。随着研究的进展,应该鼓励利益相关者对在 J. D. 教育的质量保持高期望,正如在线法律教育不应该保持比线下法律教育更高的标准,也不应该保持较低的标准。①

# 三、反思与借鉴

以上是对线上教学理念与发展的介绍,以及对美国法学院关于线上教学的课程建设、在线硕士学位建设等的观察。显而易见的是,在互联网的加持下,混合式教学的发展趋势已经不可逆转而成为未来学校教学教育的重点模式。混合式教学的发展,从萌芽到整合到深度融合,从辅助到独立到实现融合发展,无疑在高校的深度学习、学习空间、教育观念等变革中扮演着重要角色,同时给我们的混合式教学建设带来至关重要的反思与经验。

## (一)深度学习

通过上文对美国高校线上教育的阐述,笔者认为尽管线上教学以及混合式教学的发展给教学教育工作、学生学习等带来了极大的好处与发展变化,但是如果想要往更加良性的方向发展以及达到可持续发展的程度,很重要的一点是必须意识到线上教学在"互联网＋"时代的深度学习以及深度学习带来的意义如何。威尔·理查德森对此进行了直截了当的描述:"简单地在传统课堂上面增加一个昂贵的工具,不足以满足现代学习者的需要。光有技术支持是不够的,还需要一个全新的教育学。"②深度学习主要回答的就是在混合式教学的深度融合阶段,互联网技术如何能够使得高校教学更好地发展,高校法学教学能够实现可持

---

① Nina A. Kohn, *Online Learning and the future of legal education*: symposium introduction:11.

② Michael Fullan, *The New Pedagogy*: *Students and Teachers as Learning Partners*. *Learning Landscapes*,2013,6(2):23—29.

续发展。首先,深度学习的任务实际上解决的是在互联网技术下我们该学习什么,法学生到底应该学什么,法学教育该培养什么样的人,法制建设究竟需要什么样的人才,在信息技术发展如此迅猛的环境下,如何能够跟上时代的潮流,如何能够适应时代的发展。其次,深度学习离不开学习共同体。学习共同体解决的是学习方法与技术的问题,也就是怎么学的问题。在教育技术不断更新的时代,教育方法怎么做到与时俱进,唯有实现教学方法的改革,才能促使新的学习技术获得持续发展。[①]

不难发现,美国的线上法学教育的发展,离不开相关机构的支持或者说限制,最重要的是美国律师协会。美国法学培养人才是以培养毕业了就能够从事律师行业为主要目的的,特别是能够为美国经济、商业发展服务的法律人才。美国律师协会随着互联网的不断发展,基于坚信线上法学教育可以达到和传统法学教育同等高质量,缓慢而坚定地支持着美国线上法学教育的发展。美国学者对于线上法学教育发展会明确指出,目前发展的重点不是说线上可以开展教育,而是线上如何开展教育,教育的内容是什么? 法学院如何最好地利用互联网这种新模式的潜力,最好地设计和实施在线教育。总之,我国高等法学教育甚至是高校任何学科的教育都必须思考一个问题:在技术发展迅猛的今天,配套的机构支持、设备提供、教育理念教育方法的更新、学生深度学习的重要性等一系列都应当随之进步,线上教育才能有效发展而不仅仅是迅速发展。

## (二)扩展学习空间

学习空间是什么? 这个好像在传统学习模式下不曾有这样的学习说法,而现如今在我国各大高校我们都能够看到、听到学校关于学习空间的不断建设,各大高校的学习空间建设成为很多学生进入大学的第一物理感受。学习空间,顾名思义就是学习的场所,它代表着学习可以发生在任何场所、任何时间,其包括物理空间与虚拟空间,在新的教育理念与新的基建设备下以期能够促进学生的学习。凡是到过国外高校的,都会对国外高校学习空间产生深刻的印象。学习空间必然是在"互联网+"时代下伴随着智能手机、信息网络技术、数字化技术等现代化信息技术的发展而被重视的,主要解决的就是学生可以在任何时间、任何地点展开学习的问题。毋庸置疑,这是我国高校在发展线上教学过程中应当重

---

① 严文蕃、李娜:《互联网时代的教学创新与深度学习——美国的经验与启示》,《远程教育杂志》2016年第2期,第29页。

视的内容之一，在美国的很多高校都有专门的学习空间委员会，负责学生学习空间设计，其目标旨在拓展学生的学习空间，构建学生与教师能够直接沟通的学习平台，了解学生关于学习的实际需求等而不断地改变学校关于学习空间的建设。实际上我们视线落脚点不能仅仅落在学习空间这样一种物理空间上的存在，其不仅仅是有关于教师设备、图书馆资源等可视性的转变，更多代表的是一种教学理念的转变。值得歌颂的是，浙江财经大学在近几年的校园课程建设、学习空间建设过程中做出了巨大的改变，图书馆不再是简单的藏书场地，而是渐渐地发展成了学生与学生之间、学生与教师之间的学术交流中心，小组讨论室、多功能报告厅、共享空间研讨室等多样化的格局依然在慢慢打开学习空间的建设，传统的教室、图书馆、阅览室等物理空间悄然发生改变。

值得注意的是，我国目前各大高校关于学习空间的建设还处于初级阶段，不管是基建设备还是教学理念都仍然处于萌芽的阶段，有意识地发生改变值得提倡，但是同时也应当吸取国外教学的教训与经验。在开展线上教学的过程中不断提升学习空间的建设，通过学习空间的良性发展倒逼线上教育的可持续性发展。

### （三）尤其重视异步课程

显而易见的是，同步课程和传统面对面教学本质上没有太大的区别，教与学是实时同步的，教师仍然能够起着主导作用，时刻监督并督促学生的学习。在这样的情况下，在线教育的质量能否达到传统教学的质量，不是人们最担心的问题。但是反过来看异步教学，其中人们的担心显然会更多。教师首先将课程录制成视频或制作成图片上传至慕课等平台，并上传课前课后测试作业，学生才可以自主选择上课与完成测试。第一，学生完全需要自主听课、自主学习，而且不受时间地点的限制，在灵活性获得满足的同时又会带来一个助长学生惰性的问题，本应该在四十分钟之内完成的课程与作业，因为不限时间和地点，学生很容易随心所欲安排时间。第二，课程的有效性难以得到满足。在不受老师监督的情况下，异步课程的教学效果往往会大打折扣。有美国学者指出，目前异步课程开展过程中存在一个问题：很少有文章评估高校环境下异步课程的法律效果，甚至人们会认为与同步课程没有差异。但不可否认的是，异步课程有其优势性存在。美国的一项调查研究表明，在针对难题的时候，学生可以有长时间思考，时间的不限制性也允许学生获得多个反馈。异步课程的灵活性使法学院能够使其学生群体多样化，并招募非传统学生，如有职业和家庭的成年学习者和来自低社会经济背景的学生。

另外,尤其需要关注的是,传统教学过程中教师采用的是一种很普遍的教学方式,即苏格拉底式教学,也可称为问答式教学。在美国,有学者针对法学领域的法学教育进行调查,对于法学教育是否应当坚持苏格拉底式教学也有不同的看法。因此,我们在开展异步课程教育的过程中,尤其应当注意这种非苏格拉底式的教学是否真的适用。

# 新时期中国法制史课程教学的出路

## ——以教科书体例和内容设计为中心

汪庆红　　胡心蕾①

**摘　要:**中国法制史课程因其教学内容、教学媒介和教学手段等方面为问题,在法学教育体系中逐渐呈现边缘化的趋势。解决问题的根本之道在于:确证现代法律运行逻辑与中国传统法律文化之间的价值关联。根据理论法学的最新研究成果,现代法律思维过程往往会受到法律文化的影响。以传统法律文化及其历史演变为教学重心的中国法制史致力于探究中国法律文化传统的内涵及其历史演变,其教学成果有助于发挥优秀传统法律文化因素对当代中国法律职业者法律思维塑造的积极影响。同时,对中国法制史的课程建设,包括教科书的编写、课堂教学的思路和教学活动的组织等多个方面,做出相应的调整。

**关键词:**中国法制史学科;法律制度;法律文化;教学模式转变

## 一、问题的提出

法律史学是我国法学体系中的必要组成部分,其中中国法制史位列教育部高教司规定的法学核心课程。近年来,这门课程的设置和教学效果饱受诟病。一则是其教学内容远离现代社会生活,其学习意义不及部门法学课程;二则是其教学材料多以古代法律语言为主,其学习难度高于其他法学课程;三则是其教学方法以正史典籍介绍为本,其学习趣味远低于社会科学课程。这几个方面的弱势,使近年来中国法制史的教学和研究遭遇了难以摆脱的困境,陷入法学教育体系边缘化的境地。为此,中国法制史教学研究者和教学实践者提出和尝试了多样化的解决方案,诸如近现代内容比重的增加、教科书编写体例的改变、互联网

---

① 汪庆红,浙江财经大学法学院副教授、硕士生导师。胡心蕾,浙江财经大学法学院研究生。

教学平台的运用等,不一而足。其教学改革的效果,正处于待观察和待评估的状态。

在笔者看来,当前中国法制史教学活动面临困境,根本的原因在于法学教育的实务性特质与法律史课程设置的必要性之间缺乏充分的论证,以致中国法制史教学活动对法治建设实践需要的回应性尝试,大多属于偶发性、零散性或个别化尝试,难以形成一个类似于科学研究范式的教学共同体内部的共识性实践。因此,教学实践中出现的教学内容和教材体例的调整,或新技术的使用,仅仅是在教学手段上所做的创新,但未能从根本上回应中国法制史学科或课程设置正当性的质疑,因而在缓解中国法制史课程建设和教学实践困境方面,效果的积极性或持久性难以得到保证。有鉴于此,本文借鉴和运用理论法学尤其是法学方法论研究的最新成果,探讨中国法制史知识在法律思维过程中的独特价值,进而论证当代中国法学知识体系和教育体系中,中国法制史学科和课程设置的必要性,中国法制史教学模式改革的紧迫性和可行性方案。

## 二、中国法制史学面临困境的成因与出路

20 世纪 80 年代是中国法学体系的初创时期,中国法制史被看作"研究中国法律的起源,各种类型的法律制度的实质、特点、作用及发展演变过程与规律的一门科学"①。这意味着这门学科以研究和探讨由古至今中国历代法律的制度内容及其历史演变进程为基本内容。受此影响,这一时期中国法制史教科书的编写体例均采用王朝法制内容介绍的断代法制史写法,每个朝代的法制内容又分为"立法概况""法律内容""司法制度"三个部分。其中:"法律内容"主要以古代律典或正史刑法志中记载的刑法制度和近现代时期的各个部门法为主;"司法制度"分为司法机构和诉讼审判制度,前者着重介绍以正史职官志或官私修订的政书中记载的承担司法审判职能的机构的组织设置和职权内容,后者介绍律典或刑法志记载的诉讼审判制度。因此,概而言之,改革开放初期中国法制史的教学目标,集中在中国古代刑法和诉讼法及近现代各部门法的法律渊源梳理和制度内容介绍上。20 世纪 90 年代中期,出于对已有法制史教材和教学实践"只见制度不见思想",以致教学"内容枯燥"的缺陷的不满,中国法制史教学研究的权威学者开始尝试将"中国法制史"与"中国法律思想史"的教学内容进行合并,试

---

① 张晋藩主编:《中国法制史》,群众出版社 1982 年版,第 1 页。

图既"说明产生一种制度的思想先导"，又努力揭示法律思想对制度的影响。[①]但很明显，将法律制度的关联因素局限于法律思想，视野过于狭窄。因此，20世纪末，中国法制史教学研究者继续探讨扩大视野，从法律文化的角度重新界定中国法制史的学科内涵，将中国法制史界定为"一门以法律制度的发展演变为主线，综合研究中国历史上各主要政权的法律制度及法律文化的学科"[②]。这意味着，中国法制史的教学研究内容不再仅限于中国历代的法律制度尤其是刑法制度，还应扩及民事、经济、行政等其他社会生活领域中的法律制度；不仅包括国家出台的正式规范和制度，还包括"一些非经国家机关正式制定，而在司法实践中起规范与调节作用的习惯、判例，以及调节家族内部关系、乡里关系的所谓'家法族规'、乡规民约等特殊形式的一般社会规范"；不仅包括制度设置的成果，还包括制度运行所依赖的组织、人员、设施和技术；不仅包括法律创制的过程或结果，还包括法律制度生成的社会生活环境，如立法的"社会背景""中国各个历史时期对法律制度产生过重要影响的哲学思想、政治法律思想和学说""中国各个历史时期内社会各个阶层的价值观念、风俗习惯以及宗教等文化传统"；不仅要介绍法律制度的内容，还应关注法律制度运行的实际状况和社会效果，包括"法律的执行情况、法制的整体社会效益""有典型意义和重要影响的案例"等。[③]

由上可见，早在21世纪到来之际，有识之士对中国法制史教学和研究所面临的危机，就已有清醒的认识和明确的改革思路；但很可惜的是，受制于法律史研究诸如史料供给、学科定位和人员供给等方面的固有困境，从最宽泛的文化视角开展中国法制史教学建设的设想，并未成为现实。中国法制史的教科书，无论是编写体例还是教学内容，仍停留在以朝代为单位的断代法律制度史的框架体系；中国法制史课程继续维持着无趣、无用、无聊的尴尬境地，以致取消中国法制史在法学核心课程地位的呼声不绝于时。

从法律职业资格考试的分值分布考查，不难发现，中国法制史的教学和研究已呈现越来越明显的衰败之势。从目前的情势审视，缓解或挽救这种颓势，首要环节和根本依赖就在于重塑中国法制史学科在法学知识体系中的正当性地位。在笔者看来，这种正当性就在于中国法制史知识对当代法治建设的现实价值。

在传统的法律运行理论视野中，中国法制史知识因中国传统法律与现代法律在制度内容、框架结构和价值取向等方面的不对称性，而受到实用性或可借鉴

---

① 张晋藩主编：《中国法律史》，法律出版社1995年版，"说明"。
② 曾宪义主编：《中国法制史》，北京大学出版社、高等教育出版社2000年版，第3页。
③ 曾宪义主编：《中国法制史》，北京大学出版社、高等教育出版社2000年版，第3—4页。

性层面的质疑。但近年来,随着理论法学研究者对法律思维和法律方法问题研究的不断深入,法律运行过程中诸如道德规范、社会价值观、文化传统、风俗习惯等实质性法律因素的积极影响,获得了越来越多的肯定。以法律论证理论为例。根据学者的研究,在法律论证过程中,特定的法律文化背景往往会通过在法秩序上打上烙印、对法律论证参与者发挥塑造性作用和影响法律解释活动的方式,参与到法律论证的过程之中。[①] 在国外司法实践中,有法官就在其判决中援引中国儒家典籍《礼记》和古罗马思想家西塞罗的论述,阐释婚姻对国家和社会治理的重要意义;[②]在国内,根据最高人民法院 2018 年发布的《关于加强和规范裁判文书释法说理的指导意见》,法官在裁判文书中可以运用公理、情理、法理及通行学术观点等论据论证裁判理由,以提高裁判结论的正当性和可接受性。这意味着,从强化法律专业人员的裁判说理能力、提升法律决定正当性的角度,深入挖掘和准确把握中国优秀的传统法律文化所"蕴含的思想观念、人文精神、道德规范,结合时代要求继承创新""更好构筑中国精神、中国价值、中国力量,为人民提供精神指引",是我国法治现代化建设的应有之义。在这一方面,中国法制史学科具有其他法学学科所不具备的资源优势。

早在 20 世纪末,国内就有学者提醒我们,随着社会的不断发展,古代与当代之间在法律生活上的差距不断加大,古代法制对现代法制建设的借鉴作用越来越小,长期以来人们对法律史教学与研究所持的以古鉴今层面上的价值,越来越微弱;"倒是中国法制史学在理念方面的认识价值和人文关怀方面的价值越来越重要了"。[③] 因此,在笔者看来,有必要从法律运行与人的生活的关联向度,从传统法律文化与现代法律职业者的思维逻辑的联结层面,重构法律史教学与研究的价值取向、重心定位和思路方法;借以探究中国传统社会的法律价值和法律治理中的人文关怀,助力发掘当代中国法律运行中的实质性法律因素。毫无疑问,这将是中国法制史学扭转在法学知识体系中地位边缘化颓势,获得新的发展契机的最佳时机。

---

① 雷磊:《规范理论与法律论证》,中国政法大学出版社 2012 年版,第 263—282 页。

② Obergefell Et Al. v. *Hodges*, *Director*, *Ohio Department of Health*, *Et Al.* (Certiorari to the United States Court of Appeals for the Sixth Circuit) No. 14-556. Argued April 28, 2015—Decided June 26, 2015.

③ 刘广安:《二十世纪中国法制史学论纲》,《中外法学》1997 年第 3 期。

# 三、中国法制史教学模式的调整思路

破解法学体系地位的边缘化局面，从可能性向现实性转变，中国法制史学科需要在课程建设的层面，进行目标明确、内容全面的模式调整。

20世纪80年代的教科书宣称，"中国法制史，是以批判的总结历史经验，加强社会主义法制建设，为自己的主要任务"①。根据这一目标定位，这一时期中国法制史的教学内容主要集中在对不同历史时期的立法活动及其成果、罪名体系和刑罚种类、民事管理、司法机构、诉讼审判和近代时期的宪法、行政法等领域的制度建设内容及其时代特点的介绍和梳理上。这是一种典型的以法律制度为中心的教学内容设计模式。及至世纪之交，有法学教育研究者试图将中国法制史的学习意义概括为"继承和发扬中国优秀的法律文化"和"充实学生的专业知识，完善学生的知识结构"两个方面。② 与此前"总结历史经验、加强法制建设"的法律制度中心论的教学目标定位相比，这种法律文化中心论的教学思路具有目标现实且方便操作的特点。一方面，将中国法制史教学活动的重心规定为继承和发扬中国优秀的法律文化，不仅比"总结历史经验"的认识结论更为具体，而且更符合中国法制史的学科特色；另一方面，将中国法制史的教学目的设定为完善学生的知识结构，比"加强法制建设"更为直接，也更具有可行性。

可以想见，如果按照法律文化中心论的思路开展课程建设，中国法制史的教学将会呈现生气灵动的局面。只可惜，这种新的认知仅停留在中国法制史教科书的"导论"性文字上，并未影响到教材正文的各个章节。迄今为止，国内公开出版的《中国法制史》教科书，大多仍延续了20世纪80年代创立的以"立法—法制—司法机关"为中心的教学内容模式。因此，为了挽救处于法学教学体系边缘的中国法制史学科，首先要转变教学内容设置思路，实现以法律制度为中心的思路，向以法律文化为中心的模式的转变。显而易见，中国传统社会的法制建设的成果与经验，与现代法制建设的价值取向、行动逻辑、参与主体、行为过程、后果评价等多个方面，存在着显著的差异甚至是鲜明的对立。试图从古代社会的法制建设及其运行中提取某些可直接适用于当代法律运行实践的制度，即便是有可能，从成本收益的角度分析，也缺乏突出的必要性。因此，从中国古代社会及

---

① 张晋藩主编：《中国法制史》，群众出版社1982年版，第9页。
② 曾宪义主编：《中国法制史》，北京大学出版社、高等教育出版社2000年版，第12—13页。

其法律运行中,现代法制理论研究者或实际工作者也应当汲取从中国古代社会法律运行过程中呈现的具有民族性、稳定性和被认同的法律文化传统。因此,中国法制史的教科书和教学的内容,应当摆脱以法律制度为中心的设计思路,转而将教材内容和授课内容的重心设在促成法律规范或制度生成、影响制度运行过程与效果的诸如主流价值观念、法律思想理论、政权组织设施、法律思维技艺等法律文化要素,力图全方位呈现中国古代和近现代法律运行的全部景象。教科书的编写应当摆脱过去的王朝法制史体例,转而以法律文化的演变为线索,分别梳理和介绍中国古代法律文化历史发展的社会背景、法律价值观及其制度呈现形式、法律运行方面的思想观念及其实践表现、法律组织机构和思维技艺的内容、特点及其历史发展趋势。

在教学活动的组织方式上,应实现从法律发展历史检阅到法律文化传统解读的转变。在以法律制度为中心的法制史教学实践中,梳理法律形式、法律制度、法律组织的时代特点和历史发展往往成为组织教学和课程考核的核心内容。在这种教学模式中,孤立的、生硬的知识点记忆成为学生学习法制史的主要方式。相对于现代法律知识体系,由于其知识点呈现明显的语言晦涩、用字生僻、意思难懂、不敷实用的缺陷,中国法制史的学习和考试往往被学生视为畏途,其课程设置甚至被法制史教学研究者视为"鸡肋"。

按照法律文化中心论的思路,中国法制史应当将中国法律文化传统解读作为教学活动的基本线索。从概念上理解,法律文化传统并非传统法律文化。按照国外学者的解释,"传统就是历经延传而持久存在或一再出现的东西",一种传统应当具备"代代相传""相传事物的同一性""持续性""具有实质性内容""规范性"。[①] 由此可见,法律传统存在于传统法律文化之中,是传统社会中具有延续性、稳定性、持续性并为传统社会所认同的法律文化要素。对法律传统的界定,并不能仅仅依靠单一的史料记载,而要依据对于不同历史时期多种信息的比对、映衬、拼接、提炼和解读。这种复杂的知识形成过程,不可能也无必要借助简单的识记,而需要学习者通过对学习材料的阅读、梳理和理解。尽管其过程更为复杂和艰难,但这种具有挑战性的学习过程将会激发学生的学习兴趣;尤其是在理解和体验基础上所获得的知识更有可能内化为学生的法律价值观,更有助于塑造学生的法律思维模式。

最后,教学活动的过程策略上,应从偏重史料呈现和译读转向注重案例阅读

---

① 爱德华·希尔斯:《论传统》,傅铿、吕乐译,上海人民出版社1991年版,第15—35页。

和体验。在现有的以法律制度为中心的法制史教科书中，诸如立法过程与成果、制度内容或特点、机构职权与活动等方面的教学内容，都以简短的直接引文形式援引的关键史料或以史料信息为基础的概括性文字予以呈现。教学过程中，教师也是以强化教科书中的关键词句作为信息点传输的形式提醒学生的。这种教科书的编写形式和课程讲授方式，虽然有利于减轻学生的经济负担和阅读负担，但这种只告诉学生结论不提供事件背景或因果关联的信息传导形式，不仅无助于激发学生的学习兴趣，也难以加强阅读信息向知识转化的效果。在课堂听课或课后复习过程中，学生接收的只是零星的或片段的信息，而不是经过梳理、分析和综合后形成的完整知识。

从法律文化呈现的角度审视，中国法制史的教科书编写和课程讲授活动形式，应当注重读者的亲身体验和内心省思。因而在教科书编写方面，对于存在集中成段史料提供佐证的法律史活动、文件或制度，应当尽量以原始史料的形式予以呈现，引导学生在研读史料的基础上，提取法律史知识；对于史料较为分散或零碎的法律史事件，可以援引学术界广泛认同的近现代学者的研究结论或提供有影响力的参考文献，鼓励学生通过系统深入的阅读，探讨法律史发展的基本脉络，发掘中国传统法律文化演变中的不变因素，提炼中国的法律传统及其演变过程。当然，这种资料汇编式的法制史教科书编写和学习模式，会加大学生的经济负担和学习难度，但通过激发学生的学习自主性、探索未知的积极性，强化学习效果，不仅符合高等教育的本质特征，更是提高现代法律职业者对法律文化传统内心认同度的有效形式。

## 四、结　语

正如一个没有历史文化记忆的民族是不可想象的，一个不受民族法律文化传统影响的现代法律职业者是不可能存在的。既然这种文化影响具有客观性，尤其是中国现代法律文化是在对传统法律文化进行扬弃的基础上形成的，如何在全面了解和把握中国传统法律文化基础之上提炼其中的文化传统，并用现代法律文明的标准，审视、评判和甄别中国法律文化传统中的精华与糟粕，进而对法学专业学生的个体法律价值观念和法律思维习惯进行检省和反思，以有助于"与当代社会相适应、与现代文明相协调，保持民族性，体现时代性"的法律观念体系的建立，才是助推社会主义法制建设的关键之所在。当代中国法学体系中的中国法制史学科有责任也有能力为此做出贡献。

# 浅析中国法制史课程教学模式

龚金镭①

**摘　要**：中国法制史作为法学专业的核心课程之一，是法学专业的基础课程。该课程主要讲授中国法律产生、发展及演变的历史。本科阶段的中国法制史学是狭义的，主要包括各时期的国家立法、法律渊源、民事法律、刑事法律及司法制度等。通过本课程的学习，学生需要重点掌握中国法制发展的大致线索和基本精神，了解中国法制的历史资源与特点，了解中国法制现代化的进程。在此基础上，培养学生从历史的维度观察、判断和评价当代各种法律现象，思考我国当代法制现代化的模式。

**关键词**：中国法制史；高校；教学研究

中国法制史课程属法学专业的基础理论课，其作用在于帮助学生从历史的角度领悟和理解法律现象，培养学生从历史的维度观察、判断和评价当代各种法律现象，思考我国当代法制现代化的模式与途径。学生通过学习该课程后，应当具有基本的法律史知识体系，具备一定的判断能力和理论批判能力。在此基础上，结合法理学与其他部门法学，形成富于建设性的具有中国特色的现代法观念。

## 一、中国法制史课程模式特点

沿用西方评价模式的最大弊端，就是让我们越来越不客观地看待中国法律。因为我们在做研究时，会不自觉地将西方部门法或者法律的适用方式的理念套用到中国古代的法律上。首先，我们现存史书的真伪性存在着争论，往往记载在史书上的未必就是那个时期的人们所普遍认可的。古人在记述文献时，不像西方人，一是一、二是二，他会使用很多的隐笔，连太史公司马迁也并非在《史记》中

---

① 龚金镭，浙江财经大学法学院讲师，法学博士。

直接记载，而是用了好多的曲笔。所以史书的真伪要和当时文人笔记、传记小说对应着看，有时候非官方的文献反而更能体现当时的具体社会百态，透过分析一些隐笔，我们才能更好地还原当时的社会现实。否则，学生就会断章取义，看到"健讼"字，不加分析，就会直截了当地断言，中国古代的民众其实乐忠于伸张自己的权利。

同时应当看到，"术业有专攻"的长期的思维模式，导致我们在看待中国法制史时，偏好断章取义，而不是以兼容并取的眼光去看待中国法制史。局限在一个领域，越研究越觉得自己的方向十分正确，即便是认识到了这里面存在的问题，为了维系自己在这个学界的话语权，会选择性地屏蔽一些对自己研究不利的东西。总是纵向比较，缺乏横向比较。即使在横向比较时，也只选择性地说，久而久之，会对中国古代的政治文明产生一种认识上的局限性。

所以在看待中国传统法律文化时，不应当简单地用西方的具象化的法律思维去思考和判断中国的"法"，用这种部门法的方式去划分，显然会陷入误区和泥潭当中。"民刑不分"也好，"民刑有分"也好，都不能正确地诠释中国古代传统的"法"，因为所谓的"民"和"刑"，所沿用的标准还是西方的那一套。中国的法律不能用简单的判例法和成文法这种分类去界定，或者用别的概念套用，不能很好地诠释中国古代的法律，所以更应当"发挥各专家的专业所长，总结他们在创建法制史学上的经验，对于促进这门科学的发展，是很有意义的"①。

中华法制文明源远流长，蕴含着丰富的规范制度、精密的立法技术、成熟的思想体系，体现了中华民族特有的治理智慧和精神追求，是我们今天进行法治建设的重要历史资源。而中国法制史学是法学和史学的交叉学科，主要以中国古代法制为研究对象。通过讲解，其实可以感受到这个课程的内容是有用的；更重要的是希望大家听出来这门学科的思路、思维方法，这样无论你们做什么，都可能受到某些启示。

## 二、中国法制史课程学习方向和目的

那么我们应该如何正确对待中国法制史乃至中华文化本身呢？同时，我们应当如何通过学习中国法制史来提升法学专业学生的专业素养呢？换句话说，

---

① 朱勇：《思学集——张晋藩先生执教六十周年暨八十华诞纪念文集》，中国政法大学出版社 2010 年版，第 50—51 页。

就是学中国法制史对学习法学有什么用呢?

在这里就要着重给学生介绍下如何去把握中国法制史的精髓。而掌握这门学科的精髓,除了对现实人生有较大的指导意义以外,对于提升法学的专业素养也是至关重要的。大家平时阐述中华文化,不管在报刊上看的或者自己写的,最后总要归到文化现象的底层,或曰中华文化的根——中华民族的伦理观、价值观、世界观、审美观。那么沉到法制史层面的这些东西,归根到底离不开一样事实,那就是文献。提升"文献功底"有助于我们进一步掌握对文本的解读,而"文献功底"如何,是评价是否学习法制史最好的标准之一,"史料的真伪、时间、地点、阶级性等等固然需要考订,即史料学必须依赖于考据"①。

如果对文献足够熟悉,可以通过文风来判断某些律文出自何处。这对于我们了解文本是非常重要的。同时,也有助于我们对当下文本形式的敏感度,比如分辨法律、行政法规,还有规章以外的规范性文件等等。除了加深对文献形式的了解,通过文献去判断时代特征;反过来,可以通过时代特征去认识文献,这种相互印证的方式方法也是很重要的,"中国学术,照传统的说法,包括义理之学、考据之学、词章之学、经世之学。义理之学是哲学,考据之学是史学,词章之学是文学,经世之学是政治学、经济学"②。

例如,"呼儿将出换美酒,与尔同销万古愁","飞流直下三千尺,疑是银河落九天",这些都是李白的诗句,这种气魄显然是盛唐的;"相见时难别亦难,东风无力百花残",这是李商隐的,应该是中晚唐的,虽然破败,但是尚有盛唐的余威,关键词是"百花";再看,"无可奈何花落去,似曾相识燕归来"这句诗词,没有雍容华贵的艳丽,透露着一股清隽,多半不是唐,而是宋的。那么限定了宋,我们再看,可以推断多半不是南宋,因为南宋初期战事频繁,以辛弃疾的稼轩诗见长,另如岳飞的《满江红》,而南宋后期理学兴盛,诗文大多偏哲理性,比如朱熹的"问渠那得清如许,为有源头活水来"。所以再限定,多半是在北宋,而这句诗词刚才说到,传达的这种所谓闲情逸致,可以判断这个时段显然无战事比较太平,所以可以推断应是澶渊之盟(真宗)以后,仁宗英宗年间。这句诗词很有名,大家或许都知道,就是晏殊写的,而晏殊恰恰被称为"太平宰相"。

当然这种推断存在着例外和偶然性。不过这种方式,用《大学》里的一句话说,"虽不中,不远矣"。而当你在翻看中华人民共和国成立以来的相关的不同时

---

① 荣孟源:《史学、史料和考据》,《新史学通讯》1956 年第 6 期,第 8 页。
② 张岱年:《中国国学传统》,北京大学出版社 2016 年版,第 364 页。

期的条文时,会发现不少带有时代特征的文法表述,通过学习,也可以加深对于具有时代特征的法条的认知,从来加强对条文本身的理解。

所以可以看到,法制史研究固然要坚持史料的基础性地位,对浩如烟海的史料进行整理和编纂,通过考证找寻历史真相,这是法制史学研究必须下的基本功。"我们不能预定结论,只可说:由某种方法,某种观点,可以达到某种结果而已"①。当然,法制史学研究不能止步于史料,否则就会偏离法学学科属性,难以为法学研究和法治建设提供借鉴。

## 三、中国法制史课程模式提升对策

中国法制史课程的教学,首要的是跟学生讲明白一个问题,如何去正确理解传统文化。既然讲到文化,那么应该适当提一下中国人的文化思维。中国人的思维长期讲究"意",无论是在思想,还是文学艺术上,很不喜欢把事物分得那么一是一、二是二,讲究"意境",而非西方这么讲究"形"和精确。比如,中国人做菜喜欢用"少许",加少许盐,少许味精,用文火慢炖许久等,绝非像西方那样,在厨房还要放个天平,煮个鸡蛋还要掐着秒表。

授课方式也要与众不同,让人耳目一新。开学伊始需讲解法制史案例,可以让学生正确认识到在资料收集过程中要学会去粗取精、去伪存真,认真分析材料背后的实质意义。这样学生的积极性可以被激发,老师能深切感受到学生自由发言的次数非常多,同学的互动也异常积极。这在以前虽说有,但不经常。

另外态度上需要平易近人,让学生可以放心地畅所欲言。在相互交流的过程中不断交换思想,能从辩论中重新思考双方观点的局限性。这种方式能使师生双方受益匪浅。

如果在起初就深入地把相关问题讲清楚,那么学生也就很难领会老师授课方式的精髓,学生往往说着说着就跑题千里。所以老师在以后的授课过程中要能够及时地纠正学生的错误,让学生牢牢地围绕中心讲,这样能够将这种柏拉图式的教学方式加以改进,使学生能更好地领会老师的良苦用心。

---

① 陶希圣:《研究中国社会史的方法和观点》,《中国近代思想家文库·陶希圣卷》,中国人民大学出版社 2014 年版,第 447 页。

# 四、结　语

　　所以中国法制史课程应意在使学生认识到古代法律的特点,这些特点影响到数千年的中国古代法制,也影响到中国当代的法制;了解中国法律从这一时期开始从道德与宗教规范中独立出来,形成法所独有形式与逻辑规则体系;使学生了解古代法律的概貌,了解古代中国曾经有过非常发达的法律文化,了解古代法制对后世的影响。总之,以历史解释逻辑,以逻辑归纳历史,逻辑方法与历史方法相结合是中国法制史教学的总的根本方法。"为了使教育发生它固有的功用,我们必须把学术自身看成一个目的,而不把它看成一个工具"①,真正使学生了解古代法律的继承与发展,以及中国法制史的地位。

---

　　①　萧公权:《论学术独立》,《中国近代思想家文库·萧公权卷》,中国人民大学出版社 2014 年版,第 374 页。

# 财经类高校法律硕士（非法学）培养方案比较研究[①]

陈思融　刘一鸣[②]

**摘　要**：财经类高校具有整合经管法学科的优势，系培养高质量法律硕士（非法学）的重要力量。从培养方案来看，财经类高校法律硕士（非法学）的培养目标相同、课程设置相似。其薄弱之处在于缺乏培养立法人才的课程安排，方向设置导向模糊，"一带一路"对接程度不高。建议将习近平法治思想纳入教学体系，适度开设立法学方面的课程，依照学生本科背景，结合自愿原则设置培养方向，创新国际化人才培养模式。

**关键词**：财经类高校；法律硕士（非法学）；培养方案

1995 年 4 月，国务院学位委员会第十三次会议通过《关于设置法律专业硕士学位的报告》，明确"法律专业硕士学位是具有特定法律职业背景的职业性学位，主要培养立法、司法、行政执法、法律服务与法律监督以及经济管理、社会管理等方面需要的高层次法律专业人才和管理人才"，"鼓励具有不同学科、专业背景（主要是财经、外语、理工类本科毕业生）的生源报考法律专业硕士"。据此初衷，法律硕士（非法学）的设想是以经管背景的生源为大宗。财经类高校具有整合经管法学科的优势，系培养高质量法律硕士（非法学）的重要力量。

本文以中央财经大学（修订时间不详）、对外经济贸易大学（2020 年版）、上海财经大学（2020 年版）、中南财经政法大学（2016 年版）、江西财经大学（2017 年版）和广东财经大学（2019 年版）六所高校法律硕士（非法学）的培养方案为样本，进行比较分析，揭示财经类高校法律硕士（非法学）培养的一般规律，并在此基础上提出一些发展构想，从而为浙江财经大学法学院的研究生培养提供借鉴。

---

　　① 本文系浙江财经大学研究生田野调查项目"国内法律硕士（非法学）培养方案调查研究"（21TYDC057）阶段性成果。
　　② 陈思融，浙江财经大学法学院副教授；刘一鸣，浙江财经大学法学院硕士研究生。

# 一、财经类高校法律硕士(非法学)培养方案的共性特点

财经类高校,是指以财经类专业为主要学科的院校,且大多以经管法为主要学科。从各高校门户网站简介看,中央财经大学形成了以经济学、管理学和法学学科为主体,文学、理学、工学、教育学、艺术学等多学科协调发展的学科体系。对外经济贸易大学已经发展成为一所拥有经、管、法、文、理、工六大门类,以国际经济与贸易、法学(国际经济法)、金融学、工商管理、外语(商务外语)等优势专业为学科特色的多科性财经外语类大学。上海财经大学已成为一所以经济管理学科为主,经、管、法、文、理协调发展的多科性重点大学。因此,财经类高校的法律硕士(非法学)培养方案具有明显的共同性。

## (一)培养目标相同

六所财经类高校都将法律硕士(非法学)的培养目标定位为高层次的应用型、复合型人才。自法律硕士专业学位设立以来,包括教育部发布的《法律硕士专业学位研究生指导性培养方案》等在内的文件都强调了法律硕士高层次、应用型、复合型的特点。

高层次是法律硕士研究生相对于本科教育所固有的优势。"现阶段我国法学本科教育本质上属于素质教育,而我们所理解的素质教育是以人文教育为基础,包括职业教育和通识教育在内的教育模式,即具有通识基础和职业定向的教育模式。"①而法律硕士则是在本科教育基础上的精英教育,就读法律硕士学位必须首先经过本科教育,取得毕业证书及学士学位证书。从这一点上看,"高层次"是法律硕士乃至所有研究生教育的固有特征。

应用型是指法律硕士偏向实务化的培养模式。与法学硕士偏重研究生的理论素养、注重培养具备深厚法学理论基础的研究型人才不同,法律硕士是一种职业教育,更强调学生解决实际问题的能力。法学硕士面向高校、研究院等科研机构培养人才,法律硕士则面向法律实务部门培养人才。相比于法学硕士的导师负责制,法律硕士的培养模式普遍实行"双导师制",即校内导师加校外导师。以具有指导硕士研究生资格的教师为主,并吸收法律实务部门的专业人员参加培养工作,校内导师负责研究生的理论课程教学指导工作,校外导师则负责研究生

---

①　曾宪义、张文显:《法学本科教育属于素质教育》,《法学家》2003年第6期,第1页。

的实践教学培养。在培养内容上,法律硕士也加入了大量的实务课程,包括法律写作、法律谈判、模拟法庭、模拟诊所等。此外,法律硕士还必须到律所、法院等实务部门进行为期三到六个月不等的专业实习。各培养单位都希望通过大量的实践培养,使法律硕士毕业生初步具备良好的实务技能,毕业后可以快速上手法律实务部门的工作。

复合型是法律硕士(非法学)的核心优势。由于我国并不像美国等西方国家那样在本科之后才有资格系统地进行法学学习,而是在本科阶段便设置了法学教育,因此使得法律硕士(非法学)相较于法学法硕似乎在法律基础理论的积累上略逊一筹,但法律硕士(非法学)复合型的特点则有效弥补了这一缺陷。复合型既包括法学一级学科内的复合,也包括不同学科间的复合。学科内的复合是指法律硕士(非法学)相比法学硕士并不细分专业方向,培养内容涵盖刑法、民法、行政法、诉讼法等多个方向和领域,这也符合法律硕士(非法学)实务化的培养倾向。不同学科之间的复合是法律硕士(非法学)所独有的优势,法律硕士(非法学)的学生本科都为非法学专业,包括财税、金融、计算机等各个领域,而丰富的本科专业背景,又能反哺法律硕士(非法学)的法学学习,同样可以服务于今后的实务工作。例如,在建筑合同、医疗纠纷、计算机知识产权等领域,如果没有相应的专业知识,很难把握专业性较强的案件,而实际中无论是法检系统还是律师行业,缺乏的都是此类复合型人才。

通过比较发现,六所财经类高校都遵循了上述规律,明确了法律硕士高层次、应用型、复合型的培养目标。在培养方式上实行"双导师"制,在培养内容上注重实务技能的提升,开设了法律谈判、模拟法庭等实践课程,并要求不少于三个月的专业实习。其中上海财经大学、江西财经大学、广东财经大学要求不少于六个月,中央财经大学更是要求专业实习不少于九个月。

### (二)课程设置近似

新修订的《法律硕士专业学位研究生指导性培养方案》(学位办〔2017〕19号)列举了非法本法律硕士的必修课程以及推荐选修课程,并规定"各培养单位根据培养目标及本单位特色,自行设置特色专业方向板块并开设相应的自选课程"。其中,必修课包括中国特色社会主义理论与实践研究、外语、法律职业伦理、法理学、中国法制史、宪法学、民法学、刑法学、民事诉讼法学、刑事诉讼法学、行政法与行政诉讼法学、经济法学和国际法学,推荐选修课包括外国法制史、商法学、国际经济法学、国际私法学、知识产权法学、环境资源法学、劳动与社会保障法学、法律方法和证据法学。

在这个指导方案下,财经类高校法律硕士(非法学)的课程设置普遍以教育部指导方案为主,涉财经类部门法为辅。对指导方案列举的必修课程和推荐选修课程,六所院校都采取全盘接纳的做法,并结合自身院校特色,将一些财经类学科列入其中。如上海财经大学便将基础会计列为学位基础课。更为普遍的做法是,开设大量涉及财经类的部门法选修课。例如,中央财经大学开设了保险法、融资租赁法、房地产法、国际投资法、国际贸易法、经济刑法、银行法、担保法、破产法、信托法等课程;上海财经大学开设了期货法、交易所法、财税法、海商法等课程;广东财经大学开设了商事法务模块,包括合同法、电子商务法、反垄断法、网络法、金融法、证券法等课程。相对而言,中南财经政法大学的法律专业偏向比较明显,开设了犯罪学、侦查学、证据调查、国家赔偿法等课程。

从实际效果来看,法律硕士(非法学)的学生本科没有经过系统的法学教育,在研究生阶段进行法学核心基础课程的学习显得尤为必要,也是实现复合型、应用型法治人才培养目标的必然要求。与此同时,繁多的课程给法律硕士(非法学)的研究生造成了较大的课业压力。宽泛的部门法领域学习,可以使得研究生掌握全面的知识,但牺牲了某个具体领域的精耕细作。往往经过研究生的学习后,法律硕士(非法学)处在一种"比上不足、比下有余"的尴尬境地——比法学本科生更受认可,却逊色于法学硕士。

## 二、财经类高校法律硕士(非法学)培养方案的薄弱之处

对照《关于设置法律专业硕士学位的报告》的最初设想,六所财经类高校的培养方案均有薄弱之处。

### (一)立法人才培养普遍欠缺

法律硕士(非法学)主要培养立法、司法、行政执法、法律服务与法律监督以及经济管理、社会管理等方面需要的高层次法律专业人才和管理人才。从六所财经类高校的培养方案看,司法、执法、法律服务等方面在课程设置上有所体现,但除宪法外均未设置任何立法方面的课程。究其原因,可能在于以下两个方面。

其一,认为立法需要精深的法学功底,需要法律专家来进行。立法文本起草的确是一项技术性很强的工作,没有坚实的法学功底难以胜任。立法工作并不是仅仅需要具备良好的立法技术,还需要多个领域的专业知识辅佐配合,尤其是

现代社会新生事物不断涌现,亟须出台相应的法律进行规制,然而单凭法学学科知识难以胜任这些专业领域的立法工作。例如,新出台的《个人信息保护法》便涉及大量网络数据安全问题,这就要求立法者具备一定的计算机网络专业知识,法律硕士(非法学)的优势便凸显出来,而这些知识储备正是法学硕士所不具备的。

其二,认为立法属于人大工作的范畴,实务中接触立法工作的机会较少。按照《立法法》的规定,广义法律的制定是设区的市人大及其常委会、政府及以上层级国家机关的职权,法律硕士(非法学)进入这些机关的比例有限。但是培养"立法人才"的"立法"应当更广义地理解,政府及其职能部门出台行政规范性文件、设区的市检察院和中级人民法院出台的业务工作指导意见等都属于"立法"领域的工作范围。那么,法律硕士(非法学)的毕业生进入"立法"领域从事相关工作的机会是很大的,对其开设立法学方面的课程也并非毫无意义。

## (二)方向设置普遍模糊

相对于法学硕士明确的培养方向,法律硕士(非法学)培养方向的设置并不清晰。从六所财经类高校的培养方案看,中央财经大学设置了金融法务、公司法务、政府法务、司法法务和涉外法务五个培养方向,上海财经大学设置了财经法和自由贸易法治两个研究方向,其余四所高校均未明确具体的培养方向。

为了推进研究生教育改革与发展,促进专业学位研究生教育更好地适应经济社会发展对高层次应用型人才的需要,并逐步建立健全具有中国特色专业学位研究生教育制度,教育部发布《关于批准有关高等学校开展专业学位研究生教育综合改革试点工作的通知》(教研〔2010〕2号),批准在北京大学、中国政法大学、中央财经大学等十九所高校进行法律硕士专业学位研究生教育综合改革试点工作,要求"转变教育理念,创新培养模式,改革管理体制,提高培养质量"。经过几年的实践,中国人民大学开设了职务犯罪侦查、多元纠纷解决、国际型比较法律人才、知识产权、律师、食品安全治理、人权法、法律与科技等课程。中国政法大学在其培养方案中虽明确法律硕士不分方向,但结合学生本科专业背景或者专长,设置了强化系列课程,在完成法律基础课程的学习后,可以根据个人实际情况自主选择,包括高端国际法律实务、知识产权法、公司企业法、税法、金融法、环境保护法与能源法、劳动法、健康法、体育法、网络与人工智能法、传播法、娱乐法等十多个系列。清华大学则规定法律硕士研究生可通过选修特定的专业课程(在总学分之内)和完成该专业方向的毕业论文来确定自己的主修方向,且每个学生只能选择一个方向,包括知识产权法、国际经济法、国际仲裁与争端解决以及国际知识产权法四个方向。从以上高校的做法可以看出,法律硕士(非法学)分方向培养已经是主流趋势。

### (三)"一带一路"对接程度普遍不高

六所财经类高校法律硕士(非法学)的培养方案,在一定程度上体现了国际化。例如,对外经济贸易大学设立了专门的国际法学模块,中央财经大学更是设立了涉外法务方向,但其教学内容仍以英美等西方主流国家或世贸组织法律框架为主导。

2013 年,习近平总书记提出建设"新丝绸之路经济带"和"21 世纪海上丝绸之路"的合作倡议以来,"一带一路"成为中国推动世界互联互通、合作共赢的新举措,也是中国对全球治理和人类命运共同体理念的积极探索与实践。[①] 伴随着中国利益延伸至海外,要想维护好外部利益,就必须研究"一带一路"沿线国家的法律。[②] 从法律文化看,"一带一路"涉及的国家,其中既有马来西亚、缅甸等以判例法为核心的英美法系,也有沙特阿拉伯、阿富汗等以《古兰经》为教义的伊斯兰法系,更有波兰、土耳其等以成文法典为特征的大陆法系。[③] 这就要求法学教育应当及时做出相应调整,不能再如过去传统一般,将国际化目光聚焦在欧美等西方大国的法律框架上,而应当服务于国家需要,对"一带一路"沿线国家的法律投入适当精力,培养出当今亟须的涉外法律人才。事实上,国内西部地区部分法学院已经率先进行了尝试。例如,云南大学与越南河内法律大学建立起稳定的合作机制,开办"中国—南亚法律人才培训基地"。[④] 财经类高校法律硕士(非法学)的培养与"一带一路"的关联度并不明显。

## 三、财经类高校法律硕士(非法学)培养方案的完善路径

从财经类高校法律硕士(非法学)培养方案的设置与时代需要的双重维度来

---

① 余晓葵、李曾骙:《"一带一路"倡议:时代之约 共赢之路 中国之诺》,《光明日报》2021 年 4 月 26 日,第 5 版。

② 徐显明:《高等教育新时代与卓越法治人才培养》,《中国大学教学》2019 年第 10 期,第 7 页。

③ 聂帅钧:《"一带一路"倡议与我国涉外法律人才培养新使命》,《重庆高教研究》2019 年第 2 期,第 53 页。

④ 赵春玉:《边疆民族地区法治人才培养的困境及应对》,《贵州民族研究》2021 年第 1 期,第 181 页。

看,培养方案的完善至少应当包括下述几方面内容。

第一,习近平法治思想纳入教学体系。《中国共产党第十八届中央委员会第四次全体会议公报》指出,"全面推进依法治国,必须大力提高法治工作队伍思想政治素质、业务工作能力、职业道德水准,着力建设一支忠于党、忠于国家、忠于人民、忠于法律的社会主义法治工作队伍①"。习近平法治思想是当代中国马克思主义法治理论、21世纪马克思主义法治理论。2021年教育部印发了《关于推进习近平法治思想纳入高校法治理论教学体系的通知》,明确要求将习近平法治思想贯穿法学类专业课程。因此,将习近平法治思想纳入法律硕士(非法学)的培养内容,不仅符合国家要求,也是培养社会主义法治人才的应有之义。

第二,适度开设立法学方面课程。依法治国的全面推进以及2015年的《立法法》赋予设区的市立法权,地方立法呈现蓬勃发展态势,以训练法官能力为主、忽视立法人才培养的法学教育方式的弊端不断显现出来。② 财经类高校的特色课程大多为证券法、期货法、公司法、金融法等专业领域,经常会出台大量的规范性文件,不仅仅是法律,也包括部门规章、地方性法规、地方政府规章、规范性文件等。对于强调实务化的专业硕士培养而言,应当加强立法技术训练,以应对可能出现的规范性文件起草、评估、听证工作,弥补地方立法工作中出现的人才缺口,纠正传统法学教育中存在的"重司法、轻立法"现象。

第三,依照学生本科背景,结合自愿原则设置培养方向。采取分方向培养的模式,可以使法律硕士(非法学)在完成法学核心基础课程的学习之后,系统地接受某一领域的教学培养,避免法律硕士(非法学)杂而不精的缺陷。在法律硕士(非法学)的入学阶段,向学生介绍各个培养方向的培养内容以及教学方式,引导学生依据自己的本科专业背景,选择与自身相关的、合适的培养方向进行学习。将工商管理、金融、国际贸易等本科专业背景的学生引导至商法、财税法方向,将计算机等理工科专业背景的学生分流至知识产权法、人工智能法务等方向。当然以上分类并不绝对,高校的培养方向也不可能完全适合每一个学生,但只要有大致的分流机制,便可以极大地促进法律硕士(非法学)复合型法治人才培养目标的实现,摆脱现有的法律硕士(非法学)更像是第二学位的负面评价。

第四,创新国际化人才培养模式。在"一带一路"的新时代背景下,要求国内法学院,尤其是处于丝绸之路经济带以及海上丝绸之路沿线城市的财经类高校,

---

① 《中国共产党第十八届中央委员会第四次全体会议文件汇编》,人民出版社2014年版,第11—12页。

② 刘风景:《法治人才的定位与培养》,《南开学报》2017年第5期,第1页。

要及时做出应对,研究沿线国家的法律,培养对口的涉外法律人才。通过引进相关国家留学背景的人才扩充教师队伍,积极与"一带一路"沿线国家的高校开展合作,通过交换生或教师层面的交流与互聘,解决现阶段相关人才资源匮乏的问题。

　　法律硕士(非法学)的招生规模逐步扩张,从研招网公布的数据来看,专业学位研究生的报考人数已经超过了学术学位研究生的报考人数,很多高校法学院法律硕士(非法学)的招生人数超过法学硕士的总和,这种现象未来几年仍会持续。完善法律硕士(非法学)的培养方案具有迫切性,充分利用好法律硕士(非法学)的人数优势、交叉学科知识背景优势,平衡好教学规模和教学质量的关系,进而培养出大批满足我国社会主义法治国家建设需要的法治人才。

第三编 其他主题

# 师德师风建设的规范化进路

## ——以 144 件地方规范性文件为基础的分析①

章 琳②

**摘 要**：从地方法治入手，通过北大法宝检索到 2003 年以来，涵盖 27 个省（区、市），共计 144 件涉及师德师风建设的地方规范性文件。师德师风建设地方规范性文件以中小学（幼儿园）教师管理为主，高校教师管理涉及不多；以观念确立和价值导向为主，教师行为规范涉及不多；负面清单涉及的禁止性行为，各地规定大同小异。高校师德师风建设的具体内容尚有细化空间，在出台制度时应当遵循学校章程，采取民主程序，设计负面清单是下一阶段应当着重开展的工作。

**关键词**：师德师风；规范性文件；规范治理

教育的本质是知识与文化的传承、创新以及对学生正确的教育引导。教师的内在修养、道德水平和思想水准直接影响着广大学生的世界观、价值观、人生观，决定着人才培养的质量，进而关涉国家和民族的未来发展。习近平同志任浙江省委书记时，曾在浙江全省加强和改进大学生思想政治教育工作会议上的讲话中，要求各高校"建立健全以思想政治教育、教师职业道德教育、法制教育、心理健康教育为重点的师德师风教育机制，进一步完善师德评估体系"③；在党的十九大报告中进一步要求"加强师德师风建设，培养高素质教师队伍，倡导全社会尊师重教"。④

党的十八大以来，教育部先后出台《关于建立健全中小学师德建设长效机制

---

① 本文系浙江省教育科学规划研究课题"新时代高校师德建设中的教师行为负面清单研究"（2021SCG200）的阶段性成果。

② 章琳，浙江财经大学人事处副处长。

③ 习近平：《干在实处，走在前列——推进浙江新发展的思考与实践》，中共中央党校出版社 2006 年版，第 306 页。

④ 习近平：《习近平谈治国理政》（第三卷），外文出版社 2020 年版，第 36 页。

的意见》（教师〔2013〕10 号）、《关于建立健全高校师德建设长效机制的意见》（教师〔2014〕10 号）、《关于高校教师师德失范行为处理的指导意见》（教师〔2018〕17 号）、《关于加强和改进新时代师德师风建设的意见》（教师〔2019〕10 号）等文件，在中央层面对师德师风建设做出顶层设计。本文拟从地方法治层面入手，通过北大法宝检索到的 144 件涉及师德师风建设的地方规范性文件，以期探索师德师风规范治理的基本规律，为贯彻落实教育部文件精神提供借鉴。

## 一、师德师风建设地方规范性文件的概况

根据《立法法》的规定，我国广义的法律在地方层面仅限于地方性法规和地方政府规章。换句话说，省（自治区、直辖市）和设区的市的人大及其常委会和政府享有地方立法权。设区的市、县（区、市）两级人大及其常委会、政府及其职能部门出台的红头文件，不被视为法律体系的组成部分，但这些红头文件同样具有指引、调整、规范人们行为的作用，被统一称为"地方规范性文件"。例如，浙江省专门制定《浙江省各级人民代表大会常务委员会规范性文件备案审查规定》《浙江省行政规范性文件管理办法》等地方性法规和地方政府规章来管理、审查规范性文件。

笔者在北大法宝以"师德"为标题进行检索，获得 144 件地方规范性文件，未检索到地方性法规和地方政府规章；以"师风"为标题进行检索，获得 42 件地方规范性文件，未检索到地方性法规和地方政府规章，除 1 件（《江西省司法厅律师风险代理收费若干问题的意见》）与主题无关外，凡标题有"师风"字样的地方规范性文件均使用"师德师风"表述。因此，截至 2021 年 9 月，北大法宝共收录 144 件涉及师德师风的地方规范性文件，以此作为研究样本。

这 144 件地方规范性文件中，除 1 件（《山东省教育厅关于加强师德建设规范普通中小学教师教育教学行为的若干意见》）失效外，均现行有效，具体情况如下。

第一，从发布地区来看，这些地方规范性文件涉及 27 个省（自治区、直辖市），其中，山东（16 件）、广西（16 件）、江西（14 件）、安徽（13 件）4 省（自治区）超过 10 件，平均 5.33 件。师德师风建设是全国各地都在力抓促进的事项。

第二，从发布时间来看，涵盖 2003 年至 2021 年，其中，2013 年（12 件）、2014 年（18 件）、2015 年（13 件）、2017 年（13 件）、2018 年（13 件）、2019 年（10 件）和 2020 年（10 件）等年份超过 10 件。党的十八大以来，特别是教育部发文后，各地对师德师风规范治理的制度建设明显加强。

第三，从发布机关来看，教育行政主管部门（教育厅、教育局）发布的最多

(80.6%),其中,教育行政主管部门独立发布的 91 件,教育行政主管部门联合省(市)委教育工作委员会或省(市)教育工会发布的 25 件。其他文件,有政府办公室发布的,如《延安市人民政府办公室关于印发延安市师德建设管理办法的通知》(延政办发〔2019〕12 号);有市委教育工作委员会发布的,如《中共南京市委教育工作委员会办公室关于印发〈2021 年南京市师德建设工作要点〉的通知》(宁教工委办函〔2021〕5 号);有政府纠风办发布的,如《玉溪市人民政府纠风办关于加强师德师风监督的意见》。

第四,从发布机关层级来看,省级职能部门发布的 67 件(46.5%),设区的市级职能部门发布的 70 件(48.6%),且以省会城市为主(38 件),县级职能部门发布的 7 件(4.9%)。这个比例分布符合地方立法权的分配与实践。

## 二、师德师风建设地方规范性文件的内容分析

对 144 件地方规范性文件的内容进行分析,可以了解各地师德师风建设的关注重点和具体措施,从而发现师德师风规范治理中积累的经验和存在的不足。

### (一)适用对象

师德师风建设地方规范性文件以中小学(幼儿园)教师管理为主,高校教师管理涉及不多。《河北省教育厅关于印发〈2021 年中小学师德师风建设巩固年活动方案〉的通知》(冀教师〔2021〕5 号)、《吉林省教育厅关于加强中小学校、幼儿园教师师德师风建设工作的通知》(吉教师字〔2012〕72 号)等 58 件(40.3%)地方规范性文件直接在文件名称上注明"中小学"或"中小学校、幼儿园"字样,将高等学校师德师风建设排除在适用范围之外。设区的市级职能部门和县级职能部门发布的地方规范性文件,即使未在文件名称上标注中小学(幼儿园)字样,其适用范围也限于中小学(幼儿园)。例如,《延安市人民政府办公室关于印发延安市师德建设管理办法的通知》(延政办发〔2019〕12 号)第二条规定:"本办法所称教师是指全市普通中小学、幼儿园、职业教育学校及特殊教育学校(以下统称学校)的教师和教育教学管理人员。"《长沙市教育局关于禁止有偿补课、加强师德师风建设的通知》(2015 年 7 月 21 日,无文号)的制定目的是"加强中小学师德师风建设,规范中小学校办学行为和教师从业行为,切实减轻学生学业负担,坚决纠正人民群众反映强烈的教育行风问题",显然仅适用于中小学。

师德师风建设地方规范性文件大多针对中小学(幼儿园)师资管理而出台,

其原因在于市、县两级教育局的管理事项主要针对中小学（幼儿园），且中小学（幼儿园）的师资规模远远大于市属高校。一般只有省级政府及其教育厅出台的地方规范性文件才会涉及高校教师的师德师风建设。例如，《中共陕西省委教育工委、陕西省教育厅关于印发〈陕西省师德师风建设三年行动计划（2021—2023年）〉的通知》（陕教工〔2021〕115号）下达给各设区市教育局的同时，还下达给各高等学校，从规定的具体内容看，涉及中小学（幼儿园）规定的数量也多于涉及高校规定的数量。

## （二）规定内容

师德师风建设地方规范性文件以观念确立和价值导向为主，教师行为规范涉及不多。以《广西壮族自治区教育厅等七部门印发〈关于进一步加强和改进新时代师德师风建设的实施意见〉的通知》（桂教规范〔2020〕11号）为例，该文件从全面加强教师思想政治工作、提升教师职业道德水平、健全师德管理长效机制、营造尊师重教氛围、加强组织保障等五个方面，规定了15项具体内容。其中，只有第九项"严格违规惩处"中提到"落实教师职业行为负面清单制度和违反教师职业道德行为处理办法"，"针对高校教师性骚扰学生、学术不端以及中小学幼儿园教师猥亵儿童、违规有偿补课、征订教辅、收受学生和家长礼品礼金等开展集中治理"。

事实上，师德师风的规范治理应当包含两个层面的制度：内部层面是教师职业行为负面清单制度，具体列举哪些行为违反教师职业道德，该制度针对的是每一个教师本人；外部层面是师德师风建设促进制度，具体列举哪些行为可以促进教师遵守职业道德，该制度针对的是下级教育行政主管部门、各级各类学校及其党群组织。

从笔者检索到的地方规范性文件来看，北京市的做法值得肯定。2019年5月23日，中共北京市委教育工作委员会、北京市教育委员会、北京市人力资源和社会保障局联合印发通知，出台3个高校教师师德师风建设文件（京教工〔2019〕33号）。其中，《新时代北京高校教师职业行为十项准则》确立坚定政治方向、自觉爱国守法、传播优秀文化、潜心教书育人、关心爱护学生、坚持言行雅正、遵守学术规范、秉持公平诚信、坚守廉洁自律、积极奉献社会等10项职业行为准则。每项均有明确禁止性行为，如遵守学术规范具体规定为："不得抄袭剽窃、篡改侵吞他人学术成果，伪造学术经历、不当署名、一稿多投、买卖论文等，或滥用学术期刊、学术资源和学术影响。"《关于北京高校教师师德失范行为处理的指导意见》在规定师德失范行为处理程序的同时，进一步明确列举"在教育教学活动中及其他场合有损害党中央权威、中国特色社会主义制度、违背党的路线方针政策的言行"等 11 项应予处理的教师师德失范行为。这两个文件的结合，构成内部层面的师德师风建设制度。《北京高校教师师德考核办法》通过考核的方式，敦促教师遵守师德师风规范，属于外部层面的师德师风建设制度。值得注意的是，《关于北京高校教师师德失范行为处理的指导意见》第十一段要求，"各校应当依据本意见制定本校教师师德失范行为负面清单及处理办法，并报上级主管部门备案"，这个条款设定了高校制定负面清单的义务。

### （三）负面清单

从师德师风规范治理的角度看，"以德立身、以德立学、以德施教、以德育德"①，这种强调教师主体自律自觉地用"德"来反思和内化的做法固然重要，但终究缺乏统一且直观的标准。源于外商投资管理市场准入的负面清单管理模式被认为是从制度上实现政府简政放权的重大举措，②由政府管理到社会治理的法治创新。③将负面清单引入师德师风建设，是近年来理论研究和实践改革的热点。各地教育行政主管部门在起草地方规范性文件时，也试图通过列明负面清单来贯彻实施教育部出台的中央规范性文件。例如，西藏自治区教育厅印发通知（藏教厅〔2020〕16 号），出台《西藏自治区高校教师职业行为负面清单及师德失范行为处理办法》《西藏自治区中小学教师职业行为负面清单及师德失范行为处理办法》《西藏自治区幼儿园教师职业行为负面清单及师德失范行为处理办法》等 3 个文件。

严格来说，针对高校教师、中小学教师和幼儿园教师师德师风建设的侧重点是不同的，比如，替教师打扫卫生、接送子女仅发生于高校层面。本文受研究主旨之限，不关注专门针对中小学（幼儿园）教师的内容，在 144 件地方规范性文件中，整理出专门针对高校教师的师德师风负面清单（见表1）。从负面清单涉及的禁止性行为来看，各地规定大同小异，主要参考了《教育部关于建立健全高校师德建设长效机制的意见》（教师〔2014〕10 号）所列举的禁止性行为。浙江、福建、湖北等省教育厅直接转发《教育部关于建立健全高校师德建设长效机制的意见》，而不再重述其中的负面清单。

---

① 柏路：《新时代师德师风建设的着力点》，《中国教育报》2019 年 9 月 5 日，第 6 版。
② 张红显：《负面清单管理模式的法治之维》，《法学评论》2015 年第 2 期。
③ 张淑芳：《负面清单管理模式的法治精神解读》，《政治与法律》2014 年第 2 期。

表1 地方规范性文件中涉及高校教师的师德师风负面清单内容

| 文件名称 | 政治 | 科研 | 学生 | 经济 | 单位 |
|---|---|---|---|---|---|
| 《西藏自治区高校教师职业行为负面清单及师德失范行为处理办法》（藏教厅〔2020〕16号） | 违背党的路线方针政策；损害国家社会利益，违背公序良俗；反分裂斗争立场不坚定；黄赌毒邪教等活动 | 科研工作中弄虚作假、抄袭剽窃 | 强制学生从事与学业无关的行为；伤害学生身心；与学生发生不正当关系，性骚扰 | 影响本职工作的兼职兼薪；徇私舞弊、弄虚作假，牟取私利；索要、收受学生及家长财物 | 玩忽职守、消极怠工、擅自离岗；利用学校资源谋取个人利益 |
| 《广西高校教师师德失范行为处理的指导意见》（桂教规范〔2019〕22号） | 违背党的路线方针政策；损害国家社会利益，违背公序良俗；发表、转发、编造错误观点 | 科研工作中弄虚作假、抄袭剽窃 | 强制学生从事与学业无关的行为；与学生发生不正当关系，性骚扰 | 影响本职工作的兼职兼薪；徇私舞弊、弄虚作假；索要、收受学生及家长财物 | 利用学校资源谋取个人利益；其他 |
| 《关于北京高校教师师德失范行为处理的指导意见》（京教工〔2019〕33号） | 违背党的路线方针政策；损害国家社会利益，违背公序良俗，泄密；发表、转发、编造错误观点 | 科研工作中弄虚作假、抄袭剽窃 | 强制学生从事与学业无关的行为；侮辱、歧视、威胁、打击报复学生；与学生发生不正当关系，性骚扰 | 影响本职工作的兼职兼薪；徇私舞弊、弄虚作假；索要、收受学生及家长财物 | 以非法方式表达诉求；擅自离岗、出国；利用学校资源谋取个人利益；其他 |
| 黑龙江省教育厅《高校教师师德失范行为处理办法》（2019年3月25日） | 违背党的路线方针政策；损害国家社会利益，违背公序良俗；发表、转发、编造错误观点 | 科研工作中弄虚作假、抄袭剽窃 | 强制学生从事与学业无关的行为；与学生发生不正当关系，性骚扰 | 影响本职工作的兼职兼薪；徇私舞弊、弄虚作假；索要、收受学生及家长财物 | 利用学校资源谋取个人利益；其他 |

| 文件名称 | 政治 | 科研 | 学生 | 经济 | 单位 |
|---|---|---|---|---|---|
| 《中共河南省委高校工委、河南省教育厅关于建立健全高校师德建设长效机制的实施意见》（教思政〔2017〕467号） | 损害国家社会利益；违背党的路线方针政策 | 科研工作中弄虚作假、抄袭剽窃 | 与学生发生不正当关系，性骚扰 | 影响本职工作的兼职兼薪；徇私舞弊、弄虚作假；索要、收受学生及家长财物 | 其他 |
| 《关于建立健全市属高校师德建设长效机制的实施意见》（京教工〔2016〕3号） | 损害国家社会利益；违背党的路线方针政策 | 科研工作中弄虚作假、抄袭剽窃 | 与学生发生不正当关系，性骚扰 | 影响本职工作的兼职兼薪；徇私舞弊、弄虚作假；索要、收受学生及家长财物 | 其他 |
| 《中共山东省委高校工委、山东省教育厅关于建立健全高校师德建设长效机制的指导意见》（鲁教师发〔2015〕5号） | 损害国家社会利益；违背党的路线方针政策 | 科研工作中弄虚作假、抄袭剽窃 | 与学生发生不正当关系，性骚扰 | 影响本职工作的兼职兼薪；徇私舞弊、弄虚作假；索要、收受学生及家长财物 | 其他 |
| 《湖北高校教师"十倡导十禁止"师德行为规范》（鄂教思政〔2010〕7号） | 散布违反四项基本原则和国家法律法规等错误言论；散布虚假信息 | 科研工作中弄虚作假、抄袭剽窃 | 组织、诱导学生参加非法组织；歧视、讽刺、侮辱、体罚或变相体罚学生；不顾学生安危抢先逃生 | 强制推销辅导资料 | 以非法方式表达诉求；校园内开展宗教活动；以不正当手段谋取荣誉、职称、学历、学位等利益 |

# 三、结论与建议

通过对 144 件涉及师德师风建设的地方规范性文件文本的分析,可以得到如下结论:①师德师风建设是各地教育行政主管部门非常重视的领域,无论是地方规范性文件的制定,还是相关文件的宣传、实施与检查,都在紧锣密鼓地开展。②中央规范性文件特别是教育部发布的涉及师德师风建设的"意见"对各地具有全面指导意义,这是单一制国家方针贯彻和政策落实的基本要求;同时,地方根据自身需要,增加了凸显地方特色的内容。例如,民族自治地方的地方规范性文件要求教师在反民族分裂斗争中,坚定政治立场,并对学生做好宣传教育。③在涉及师德师风建设的地方规范性文件中,涉及高校教师的师德师风负面清单很少,除了浙江、福建、湖北直接转发教育部文件外,涉及负面清单或失范行为处理的只有表 1 所示的 8 件(5.6%),河南、北京、山东"关于建立健全高校师德建设长效机制的指导意见"并未逐条列举负面清单或失范行为,而是转述教育部文件的措辞。

基于上述结论,本文提出以下三点建议。

第一,从规范治理的要求看,高校师德师风建设的具体内容尚有细化空间。一方面,地方规范性文件对师德师风建设的规定大多侧重于中小学和幼儿园;另一方面,相对于中小学和幼儿园而言,高等学校在内部管理的人力资源、学科专业、能动权限上具有优势,而且在行政级别上属于厅级以上单位。因此,建议高等学校建立师德师风建设的内部制度,特别是对违反师德师风教师的处理上,做到有规可依。

第二,从规范治理的程序看,高校制定师德师风建设的内部制度应当遵循学校章程。高等学校的章程规定了学校重大事务的决策程序,师德师风建设的内部制度关涉每一个教职员工的切身利益,系重大事务,应当遵循章程,按照民主决策的程序出台相应规范。

第三,从规范治理的内容看,高校师德师风建设内部制度的核心在于负面清单。强调师德师风的重要性、加强师德师风建设力度、完善失范行为惩处机制等内容都有中央和地方规范性文件,而究竟哪些行为应当认定为失范,即通过一个列举式的禁止性行为清单来治理师德师风问题,则是下一阶段应当着重开展的工作。

# 艺术化社会工作教学的探索与建构

## ——以对话式教学为例

施旦旦[①]

**摘　要**：长期以来，我们对社会工作与艺术的探讨容易流于表面，无法将艺术化的社会工作真正落地。本文从社会工作与艺术之间的概念建构历程谈起，从福柯（M. Foucault）的"生命美学"着手，认为社会工作教学是将社会工作艺术化、具体化和落地化的重要形式，尤其是"对话式"的教学。通过"对话式"教学，营造尊重、平等的教学氛围，改变以往教师作为主宰者、学生作为被动接受者的压迫性师生关系，培养学生的批判精神和创造力，从而共同建构出一门具有主体间性（intersubjectivity）和美感的教学艺术。

**关键词**：社会工作；艺术；生命美学；对话式教学

## 一、社会工作与艺术：概念建构历程

尽管社会工作教科书中经常界定社会工作既是科学也是艺术，但艺术的内涵几乎很少反映在知识建构、实务方法以及社工教育的课程骨肉里。更多时候，社会工作是艺术的观点成为社会工作者的一种非正式的论说，或被当作科学的社会工作面临复杂、困难的实践情景是一种自夸的表达或面对实践"无效"时的一种"托词"。[②] 相较于社会工作是一门科学，对作为艺术的社会工作的相关论述显得很不够。面对"社会工作是一门艺术"这一说法的质疑，社会工作专业似

---

①　施旦旦，浙江财经大学法学院讲师，台湾政治大学社会工作学博士。
②　王海洋、赵洪萍：《艺术在社会工作教育中的实践与启示：以中国台湾 N 大学进阶社会工作实务课程为例》，《社会工作与管理》2017 年第 4 期，第 50—56 页。

乎还无法给出令人信服的回应。①

提到社会工作是一门艺术需要知道社会工作与艺术（Art）之间的关联，知道何为艺术。对于艺术的定义可以混合历史、魔术、宗教、疗愈和文化；简而言之，几乎涉及人类互动和自我表达的方方面面。正如沃顿（Walton，K.）认为艺术这个词并不清晰，因为在表达类似单个问题时会给出相互竞争的答案；也就是说，对于艺术难以产生一个统一的定义。② 虽然艺术在最早的文明形式中是无处不在的，并且在整个时间和文化中占据着人类思想的普遍地位，对于艺术的界定和定义总是充满主观性和历史脉络性，并且与"美感""创造性""主观性"等产生联系。而对于艺术应该存在着一个更为本质的划分：作为普遍现象的艺术具有跨越国界和文化的审美特性，或者是受到当地和历史的束缚和个人感知的艺术。后来受到后现代解构思想的影响，艺术的意涵呈现较多元发展和开放性，跳脱绝对审美的框架而更加注重生活的意义。这与近期社会工作学者以后现代思维角度对专业的批判反思似乎异曲同工，③更加注重艺术的生活化和日常呈现。正如福柯（M. Foucault）认为的：人应把自己当作一种复杂且难以详尽描述的对象，把自己当作一件艺术品，去发明自己或自己的风格，所谓"人的本质"或"真实自我"并不存在，人被迫面对的是不断地尝试创造自己，不断地尝试新的经验。也就是对生活抱着一种学习的态度，我们可以说这是一种生活的美学化，即所谓的"生命美学"（生存美学）④。

在"生命美学"中，福柯认为应该把人的生活和创作活动当成艺术，把生活和创作当成艺术美的创建、鉴赏和再生产的过程，因而也把自身追求美的独创性生活的过程，当成具有审美价值的"目的自身"。使自身的生活变成为生存美的展现过程，不但可以不断创造和鉴赏真正的美，而且，还可以引导自身深入真理的殿堂，陶冶最美的道德情操；审美生存不但是思想超越和艺术创造的永远逾越（transgression permanente）的过程，也是伦理实践和恰如其分地对待他人的生活技艺，又是使自身与整个社会、自然世界和谐交融的实践智慧，探讨自身的技术以及相关的生存美学，在福柯后期的研究工作中，越来越占据重要的地位。⑤

---

① 施旦旦：《作为"艺术"的社会工作与社会工作的"艺术性"》，《华东理工大学学报》（社会科学版）2020 年第 6 期，第 29—39 页。

② Walton，K.，Review of art and the aesthetic，*Philosophical Review*，Vol. 86(1997)，pp. 97-101.

③ Howe，D.，Modernity，post-modernity and social work，*British Journal of Social Work*，Vol. 24，No. 5(1994)，pp. 513-532.

④ 黄瑞祺：《现代与后现代》，（台北）巨流图书公司 2006 年版，第 135 页。

⑤ 高宣扬：《傅科的生存美学》，（台北）五南图书出版有限公司 2004 年版，第 1—8 页。

在福柯看来,美是实践智慧的人自身,在其艺术般的生活技巧和特殊风格中造就和体现出来,又是在关怀自身的延绵不断的历程中一再更新的自由生活。生存美在本质上是自由的、悲剧性的和永恒逾越的。美,只有在自身的审美生存中,才能产生出来;它本身是随生存而不断变化的生活艺术(un art de vivre)和生存技巧(une technique d'existence)的产物。①

　　福柯提出的"生命美学"打破了我们原先认为的艺术的固有形式(如唱歌、舞蹈、绘画等),而是将艺术融入生活的反思和实践当中,把生活和创作当成艺术的创建、鉴赏和再生产的过程,因而也把自身追求美的独创性生活的过程,当成具有审美价值的"目的自身"。福柯的论见启发我们,艺术不应该囿于具体的形式,艺术不仅是可视化的戏剧、绘画、舞蹈、歌唱、摄影、手工等工具,更是隐含在这些表达性工具背后的那些以生活化的令人身心愉悦的处世态度和生存哲学。

　　当我们发现社会工作与艺术的联结,对艺术的概念认知,对助人工作的重新反思就像一面镜子,照见每个人的工作与生活。如果可以从"生命美学"的角度来重新解读艺术,重新建构艺术化的社会工作,社会工作的艺术形式是否可以更加多元和丰富?是否可以包含更为贴近社会工作现场教育的艺术形式?

## 二、教学作为一种艺术形式

　　从生命美学来看待艺术的各种多元化表达后,我们才可能打破对于艺术的高位迷思,将艺术落在日常学习和生活的实处。而学校是灌溉和培育艺术化社会工作的重要场域,课堂教学无疑成为社工师生最容易接触和实现的艺术形式之一。

　　那么,教学是艺术吗?

　　当然是的。

　　从生命美学来看,在教学中,教师需要有个人风格,持续不断地反思和创新,不能自我设限重复,才能吸引学生的注意力。如同艺术有各种表达形式,在教室的讲台上,教师可以跟着个人擅长与性情而选择不同的教学方式。教学艺术可以展现在各种类型的教学途径,例如练习演说技能让课程讲述更精彩动人,声音、语调、肢体语言、表情等对学生的学习效果都有影响力,教学本身就是一种形式的演出,教师是台上的主角。或者,运用戏剧、影像、音乐为媒材,吸引学生的

---

① FOUCAULT. ,*L 'Herméneutique du sujet*,Paris：Gallimard/Seuil,2001,pp. 428—429.

注意力,激起好奇心与学习动力,教师是舞台设计者,可以运用各种创意,留住学生的注意力。甚至教师的穿着品位、言谈举止,个人修养以及对艺术追求的身体力行对学生来说都有艺术启发的价值。教师之教学如同艺术家长期打磨自己的艺术作品,形成独特的个人创造力,产生传递美感、扣人心弦的艺术作品。

然而在现实中,极少有教师能够将教学艺术化,将课堂作为艺术品进行创作加工,更多时候依然处在"照本宣科"的机械化阶段。在上课前将课程内容摘要,一个重点又一个重点打在 PPT 上,以免上课一片空白不知说写什么,依照教科书内容将重点讲完一遍,生搬硬套,好像这堂课"该教的我都教了,学生有没有学到,这是学生的责任,不是我的问题"。这样的一种教学方式,延续了应试教学下填鸭式的教学方式,通过包山包海、断章取义的知识所拼凑而成的教科书,压迫学生去记忆一些脉络的知识信息,这样一种教学方式扭曲了学生与知识的关系,破坏了学生对课堂的兴趣,阻碍了学生倾听他人以及批判的能力。如此教学下,教师只是进行单向知识的传递,无法与学生进行双向知识的沟通,让学生消化后成为自己的知识。因此只有等学生融入自己的经验脉络之后,以自己语言说写,与他人沟通对话后,知识才能落实。

## 三、对话式教学之内涵与理念价值

传统"一言堂"和"满堂灌"式的教学手法应该要摒弃,而"对话式"教学(Dialogue-based Education)成为区别于以往新的教学艺术,成为教师教学与自身知识建构的新方法。以"对话"方式进行教学,从对话过程中重新定义师生关系,建构彼此认知,从对话过程找出问题的答案。

什么是对话式教学?

在西方,"对话"作为一种教学形式最早出现于古希腊时代,即苏格拉底的方法,是指在与学生谈话的过程中,并不直截了当把学生所知道的知识告诉他,而是通过讨论问答甚至辩论的方式来揭露对方认知中的矛盾,逐步引导学生得出正确答案的方法。而在中国古代,《论语》就记录了孔子运用对话的方式进行教学的过程。

在保罗·弗雷勒(Paulo Freire)著作《受压迫者教育学》中,关于对话式教学有了深入的阐述。首先,弗雷勒对"囤积式教育"(Banking Education)进行了批判。他认为在囤积教育概念中,其允许学生进行的活动范围仅限于接受、归档与存放囤积,缺乏创造、改造、与知识……知识只有在发明及再发明中才会出现,唯有透过在这个世间的人们，与世界、与他人一起进行无尽的、彻底的、不断的、充满希望的探究，知识才会出现。① 弗雷勒认为，知识是建构的，而非来自教师单向地对学生填塞。他强调，当学生越是致力于囤积教师所塞给他们的东西时，学生的批判意识就越无法发展，这将使他们无法成为世界的改造者。囤积式教育会减少或摧残学生的创造力，使得学生不假思索地为压迫者献上服务。② 所以，弗雷勒认为如果没有探究与实践行动，人不可能成为真正的人。

因此，弗雷勒认为"提问式教育"是让教师与学生皆能投入探究与行动的一种可能。提问式教育是改革的希望，是一种人性与解放的实践，而实践这样的理念，其途径就是"对话"。弗雷勒所说的"对话"不仅仅是一种语言上和思想上的沟通方式，更是一种会产生行动力量的行为方式。也就是说，"对话"不是一种说话的技术，不是简单的会话，不是咨商和心理治疗的方法，也不是教师为了鼓励学生对课堂教学发言而采取的一种假参与的教学方法，而是一种认知并产生行动的方式。"对话"在形式上，意味着双方是主体间的平等关系；在内容上，"对话"的核心要素则是词。但并非所有的词都是真实的，真实的词必须同时包括两方面，即反思与行动。行动离开了反思就变成行动主义，反思离开了行动就变成空话。"对话"双方都带着彼此的社会、文化的不同特征，"对话"本身是一个在细致的交流中辨识彼此不同特征的过程，是创造彼此学习与认知的过程，教师与学生共同学习和认识是对话不可或缺的要素。对话是为了进入彼此的生活世界，产生探究社会真实性的作用，最终目的是在对话的过程中促进意识的启蒙并产生改变的行动。③ 在对话式教学中，弗雷勒认为，人们将发展了他们觉察的力量，不再将世界视为静态的现实，而是视为过程与转化中的现实，以创造力为基础，引发对于现实的真正反省与行动。只有在从事探究与创造性改造时，人们才会成为真实的存在。④

英国学者戴维·伯姆在《论对话》（1996）一书中认为，个体思维是在集体思维的基础上产生并发展起来的，这是由人的社会性决定的。对话就是两种思维的相遇，如果我们在两种思维相遇时能够暂时悬置自己的思维假定，不企图在两

---

① 弗雷勒：《受压迫者教育学》，方永泉译，（台北）巨流图书股份有限公司 2003 年版，第 108 页。

② 弗雷勒：《受压迫者教育学》，方永泉译，（台北）巨流图书股份有限公司 2003 年版，第 110 页。

③ 杨静：《朝向人性化改变的理论——〈受压迫者教育学〉的解读及对社会工作的启示》，《中国农业大学学报》（社会科学版）2013 年第 3 期，第 46—56 页。

④ 弗雷勒：《受压迫者教育学》，方永泉译，（台北）巨流图书股份有限公司 2003 年版，第 121—122 页。

者相遇时控制、赢得对方，那么我们就会在两种思维的相遇中获得"共享意义"，每一个参与对话的人都能够分享这个"共享意义"。"我们坐在一起来互相交流，进而创造出一个共同的意义；我们'参与其中'，又'分享彼此'，这就是共享的含义。"[1]这个共享意义就像穿越每一个人中间川流不息的溪流，让参与对话的人们凝聚在一起，达成共识。对话的目的就在于对思维的全过程进行搜索，进而改变人类在集体中的思维进程和方式。而简·维拉（Jane Vella）认为，对话式教学的基本价值是尊重学习者，并运用公平以及建构论的学习过程。对话并非仅在师生之间，是发生在教室里的所有学习者之间，教师只是其中的一个。[2] 由此可以看出，对话式教学是民主平等的教学、是互动合作的教学、是交流沟通的教学，教师在教学中扮演了组织者、促进者和"助产婆"的角色。在对话式教学过程中，教师和学生相互创造出一门具有美感的教学艺术（The art of dialogue in social work education）。社会工作是一门反思性的学科和职业，社会工作者的核心能力不是掌握了多少知识，也不是知识应用于实践的能力，而是反思批判的能力。社会工作教育应该将培养出身体力行道德和政治实践的实践者作为教育的目标。而对话式教育恰恰能够促进人的反思的自我实践，通过对话式教学，师生互为主体，彼此是教师，同时也是学生，从而形成艺术上的主体间性。教师可以在学生的反应中不断更新自身知识，开启与学生之间的互动关系，重构彼此的认知，从对话过程中找出教学问题的答案；学生不再是顺从的聆听者，更是能与教师平等对话、有独立思考能力和批判意识的探究者。

## 四、对话式教学之实践运用

前面提到对话式教学的内涵和理念。那么在教学实务中，对话式教学需要如何操作？ 在带领"对话式"教学中需要关注哪些问题？

关于对话式教学的准则，弗雷勒提出了以下几点：（1）爱。缺少对世界及民众真挚的爱，对话就不存在。爱必须能引发他人的自由行动，否则它就不是爱。唯有借着压迫情境的消除，我们才有可能恢复原先情境中所不可能产生的爱。没有爱，就不能进入对话之中。（2）谦卑。对话中一定要有谦卑，如果对话的两方（或其中一方）缺乏谦卑，对话就会被打断。若认为自己是知识与真理的拥有者，

---

[1]　David Bohm, *OnDialogue*, LeeNicho1：Routledge,1996. p.45.

[2]　Vella, J. , *Learning to listen*, *learning to teach* (2nd ed. ), San Francisco：Jossey-Bass, 2002, p.132.

那如何对话？自大或傲慢与对话是不能相容的。（3）对人有高度的信心。相信人具有批判性，人具有创造与转化的力量。（4）言行一致。信赖的条件建立在言语与行动的一致性上，当对话的一方所说的不能与行动相符时，信赖就不可能存在。（5）希望。没有希望，对话将不存在。如果对话者对于他们的努力并不抱有任何的希望，那么他们的相逢（encountering）将是虚空与徒劳的，只是虚应了事及絮絮不休的相遇。（6）批判性思考。除非对话者能够进行批判性的思考，否则真实的对话不可能存在。[①]

除了弗雷勒所列举的准则之外，教师能吸引学生参与对话的个人特质是什么？利布林和弗朗西（Lieblein and Francis）通过工作坊的方式写下了对话式教学中的一些要点，归纳为个人与结构两大方面。教师的个人议题包括倾听、不控制、花较多的时间、开放、热情与投入、教师是催化的角色、学习领导与管理、愿意认错；结构议题包括预算与班级大小、教育的研究角色、学生是谁，他们为何而来，他们的期待与目标是什么；创造安全有活力的对话空间；组织沟通平台；发展学习景观的结构等。[②]

在对话式教学的具体实践建构中，包括以下几点：首先，在教室里必须致力于打破教师是无所不能、无所不知的偏见，尊重学生在拥有她们/他们在经验上的权威性和优先的认知立场。教学必须从学生当前的认知和不懂的地方入手，而不是教师目前的知识。教师不能忽略、低估甚至排斥学生自身带有的活生生的知识和他们的个体经验，允许其有自己独特理解世界的方式，并允许学生发表自己的见解。例如，在《儿童青少年社会工作》课堂上，教师主动向学生询问目前在青少年群体中比较受欢迎的话题，甚至是一些亚文化，例如网游、洛丽塔、饭圈等，并请同学做阐述，消除了既存的对于青少年群体的刻板印象，跳出教师自我的局限和框架。其次，尊重学生的文化差异。尊重学生已有的知识并不意味着要固守这些个体的经验，而是要把这一尊重延伸到产生这些经验知识的更广阔的文化背景中，做到对不同文化差异的尊重。例如，针对课堂上存在藏族同学，从文化敏感性的角度，请藏族同学介绍自己的文化，提升学生的族群敏感性和文化能力，而这亦是社会工作者的核心能力之一。再次，设计真实合理的预习主题。以认知性对话为基础，由教师和学生共同确定预习题目是实施对话式教学

---

[①] 弗雷勒：《受压迫者教育学》，方永泉译，（台北）巨流图书股份有限公司 2003 年版，第 129—134 页。

[②] Lieblein，G. & Francis，C.，*Faculty Prerequisites for Dialogue-Based Education*，NACTA，2013，pp. 72—74.

的保证。它既可以为教学准备丰富的要素，也可以节约课堂时间资源，让教师充分组织教学，还可以使学生在课外发现问题，在课中质疑问难，让教师在一个更高的起点上组织教学。所以，教师设计的问题要合理真实。所谓真实，就是要求问题和学生实际生活相联系，教师应该从现实的、具体的并能反映学生意愿的情景中选取教学内容，并从这些情景中找出学生关心的问题，向他们提出各种挑战，促使他们思考。例如在课堂上，教师邀请学生分享日常生活中所遭遇的问题，并结合专业的视角进行互动思考。当然，教师本人也会从自身经验出发，结合自己的思考进行交流对话，让学生看到对话的意义和本真性，促发学生的自我觉知（self-awareness）。

# 五、结　语

社会工作作为一门兼具科学和艺术的专业，应该将艺术贯穿在社会工作教学中。而对话式教学作为一种新的教学艺术，朝向教师和学生的自我反思和双向改变。通过对话式教学营造平等的教学氛围，改变以往教师作为主宰者、学生作为被动接受者的压迫性师生关系，培养学生的批判精神和创造力，从而共同创造出一门具有主体间性和美感的教学艺术，真正将"生命美学"落地化。

# 浅谈如何培养和提升高校学生学术论文写作能力

朱梦笔①

**摘　要**：提升高校学生学术论文选题质量，是高等学校专业教学和人才培养的重要命题。高校学生学术论文普遍存在选题重复性较高、研究内容空泛、选题缺乏创新以及案例研究难以深入的问题。原因在于选题来源单一，选题范围受限、学生独立思考能力较差，选题带有盲目性，以及师资力量不足，教师指导精力有限。因此，发挥综合性大学优势，鼓励交叉学科选题，构建四位一体的选题模式，立足课程组建立系统的选题训练模式，以及依托教学进行有针对性的科研训练是提升学术论文选题质量切实可行的途径。

**关键词**：高校学生；学术论文；写作能力；科研素养

本科毕业论文是检验学生掌握知识程度、理论联系实际能力、分析问题和解决问题基本能力的综合性训练，是评价高等院校专业教学水平和人才培养质量的重要指标之一，是教师、学生、高校和社会都应该重点关注的问题。

## 一、学术论文质量问题

本科毕业论文是大学生在大学毕业前，按照教学计划的要求，在有经验的教师指导下，独立撰写的学术性论文，是大学生完成学业的标志性作业，是对学习成果的综合性总结和检阅，是大学生从事科学研究的最初尝试，是在教师指导下所取得的科研成果的文字记录，也是检验学生掌握知识的程度和分析问题、解决问题基本能力的一份综合答卷。[②] 但是，从学士学位论文本身来看，部分论文质量堪忧，论文写作质量亟待提升。其主要表现在以下几个方面。

---

① 朱梦笔，浙江财经大学法学院讲师。
② 徐融：《毕业论文写作（文科类）》，中国商业出版社 2004 年版，第 1 页。

第一，理论联系实际不足导致选题和内容空泛，缺乏创新。学士学位选题是否适当，是写好论文的首要环节，也是衡量整体论文质量的重要指标。以社科类专业为例，学生在选题过程中，部分学生很迷茫，不知道自己想写什么，要写什么，能写什么。经常出现学生提交的选题范围过大，或选题陈旧；在论文论述环节，内容空泛，理论难以与实际相联系；有些论文内容不能与时俱进，缺乏创新。

第二，语言驾驭能力和理论分析能力差，直接导致论文撰写能力不足。有的学生论文写作基本功不扎实，在论文中经常出现"聊天式"语言，语言的逻辑性不强，标点符号不规范，等等，这些问题反映了学生语言驾驭能力的不足。同时，有的学生理论分析能力差，以社科类论文为例，学生难以驾驭理论性较强的论文，论述不充分，理论分析能力不足表现得尤为明显。

第三，文献资料的检索和运用能力不足。文献检索是论文写作的基础，在学士学位论文完成过程中，部分学生对常用的文献检索平台不熟悉，这直接影响到对文献资料的查阅、归纳与整理，影响到所选课题研究现状的客观性和论文的创新性。

## 二、如何恰当选题

撰写学术论文的第一步是确定选题。论文题目选得准、选得恰当，写作就能顺利进行，这也是决定论文能否被认可的关键。[①] 就毕业论文而言，无论选题如何确定，都需要视自己的知识背景和科研能力的客观情况而定。选择一个自己能驾驭的恰当选题是撰写毕业论文的关键环节，这样才可能有一篇好的学术论文问世，甚至获得学术研究的成功。

选题要有强烈的问题意识，但是应理性对待热点问题与学科基础理论的关系。在选题时，往往会根据当下社会和时代发展过程中出现的热点问题进行确定，如以"区块链""大数据""人工智能""数字时代"等关键词作为选题的研究背景，这类选题容易抓住眼球，但如果没有设计好，就会成为"标题党"，言之无物。撰写法学论文，很大程度上是为了解决社会现实中的法律问题，应当理性对待社会热点问题与自身所需要研究问题的基础理论之间的关系，寻找出二者之间的必要关联。热点选题最终需要基础理论支撑，以社会热点问题为研究背景，以基础理论的论证思维为基础，不可因追逐热点问题而突破基础理论的角色和功能。

---

① 王海军：《确定论文选题的思路与禁忌》，《民主与法制时报》2021 年 8 月 5 日，第 5 版。

也可以运用部门法的理论和制度运行机制去解决实践中所面对的新问题和潜在难题,即以本领域的"元理论"为基础,并非完全是对热点问题的追逐,而是通过元理论去建构社会发展过程中需要明确的法律发展规律和人类法律文明的发展面貌。

## 三、正确研读和运用文献资料

在文献综述中,毕业生只是简单地叙述某文献的观点,将作者的观点照搬过来,对于类似文献、存在观点争论的文献缺乏比较,在论文写作过程中缺少自身对文献的总结与评价,[①]存在"只见树木,不见森林"的现象,即仅对某篇论文的观点进行述评,使得文献综述部分像流水账,系统性较差。论文文献引用中,所引用文献内容与毕业生论文研究内容并不相符,只是为了引用文献而引用文献,并没有从文献中寻求可借鉴的方法、思想,文献与论文内容对应性较差。如,《大数据视角下房地产精准营销策略研究》一文中,在论述"何为精准营销"时,引用百度百科中的内容,这主要是收集引用方便,但没有考虑该引用权威性明显弱于正规出版物,对论文档次提升作用不大。

文献综述是在对文献进行阅读、选择、比较、分类、分析和综合的基础上,研究者用自己的语言对某一问题的研究状况进行综合评述。因此,文献综述包括对文献的"综"和对文献的"述"两个部分。具体来说,"综"就是对文献资料进行综合分析、整理归纳,使材料更为精练明确、更具逻辑层次;而"述"则是结合作者的观点及实践经验对综合整理后的文献中的观点、方法和结论进行较为专门、全面、深入、系统的论述。相对而言,通过综合归类、提炼和概括查阅到的文献即可达成"综";而衡量"综述"的质量往往更重在"述",因其需要融入研究者自身的理论水平、专业基础以及分析问题和解决问题的能力,以对问题进行合情剖析并提出独到的见解。有学者提出,"综"是基础,"述"是表现。更有学者将"述"中的"评"抽离出来,指出文献综述应以"综"为基础,以"述"为主题,以"评"为导向。其中"述"是研究者通过对文献资料的详细阐述,鲜明提出论点,使之论据可靠、论证充分、推理合情;而在"述"基础之上的"评"则是研究者依据自身的学术观点,对文献给出严谨而有分寸的评论性意见。简而言之,"综"和"述"两者都是不

---

① 张洪秀:《高校本科毕业论文质量问题及对策》,《黑龙江教育》(高教研究与评估)2016年第1期,第12—13页。

可或缺的，只"综"不"述"是一种单纯的文献堆砌，而只"述"不"综"则形同"无源之水"，缺乏科学性。

整理文献资料并非简单地堆积或罗列所有检索到的文献，而是综述者在做了大量的阅读后，根据文献的相关性及重要性，找出其中的主要观点、方法和结论，对资料进行筛选、分析、归类和编排，使之系列化、条理化。因此，抓住综述专题的主线和内容主体间的逻辑联系往往是决定"综"的质量的关键所在。有学者形容文献综述就好比是在文献的丛林中开辟道路，这条道路本来就是要指向我们所要解决的问题，当然是直线距离最短、最省事，但是一路上风景颇多，迷恋风景的人往往绕行于迤逦的丛林中，反而"乱花渐欲迷人眼"，找不到问题的主线。① 此外，在对文献做阅读时，需以泛读摘要和精读典型全文相结合的方式进行。同时，在阅读文献时，随时摘录下原始文献的精华部分，并用自己的语言写下阅读时得到的启示、体会和想法都将有助于文献综述的顺利进行。

围绕在整理文献过程中确定的几条综述主线，客观叙述和比较国内外相关学术流派或研究的观点、方法、特点和取得的成就，并适时地给出综述者自己对文献作者观点的看法，评价其优点与不足。根据相关专题的发展历史和国内外现状，以及在纵横比对中发现的主流和规律，提出新的研究方向、研究建议，并展望研究发展的可能性，以及预测由此可能产生的影响或出现的问题等。

## 四、加强学术论文写作训练

第一，高校缺乏相应的培养机制。学术论文写作能力的培养需要一个渐进的、制度化的过程。部分学生学士学位论文质量堪忧，从一定程度上折射出有些高校在学生学术论文写作训练制度上的不足。例如，有的学校没有开设学术论文写作课程，有的学校是科研论文写作课程理论讲得多，学生实践少；有的学校是培养环节缺乏严格把关，比如课程作业论文，部分学生不能客观认识平时作业论文对于锻炼写作能力的重要性，"复制粘贴"多，认真选题收集整理资料写论文的少，相应的监督机制和课程论文反馈机制缺乏，真正得到写作能力锻炼的不多。由于学生思想上重视不够，学校也缺乏对课程论文考核规范和相应管理，因此，学生论文撰写问题很多。

第二，学年论文制度的欠缺。学年论文是本科学生学术研究训练体系的重

---

① 朱雁：《教育研究文献之综与述》，《中学数学月刊》2013 年第 6 期，第 1—4 页。

要一环,是本科生学术研究训练中课程论文、学年论文、毕业论文阶梯式训练体系的中心过渡环节。本科生学年论文就是高等院校要求在导师的指导下,学生每学年撰写的一篇学术论文。其目的是使学生学会运用一学年所学专业知识进行科学研究,以逐步培养学生的科研能力,为大学四年级毕业论文撰写夯实基础。本科生在撰写课程论文的基础上,撰写好学年论文以积累经验,在大学四年级撰写毕业论文就会轻车熟路了。但是有很多学校对此并不重视,一些高校没有学年论文的教学安排。高校在学生论文写作能力培养制度上的不完善或执行不到位,必然影响到学生学术科研能力的训练和提升。

第三,导师对学生论文写作的针对性指导欠缺。导师指导在学士学位论文完成过程中的作用不言而喻。适当的师生比是保障指导论文质量的基本条件。但是随着高校规模的扩大和学生数量的增多,相比教师人数少,导致师生比矛盾的形成,指导教师在指导毕业论文方面的工作量增加。有的老师一学期指导十多名学生的论文,加之,大多数论文指导教师承担着繁重的教学和科研任务,以致相当数量的本科论文指导教师在论文的指导上精力投入不足。

针对以上问题,笔者认为,在本科教学中增设"本科生科研能力提升与毕业论文写作技巧课程"。选聘科研能力强、责任心强的教师系统讲授该课程,从选题、文献的检索与收集、编写论文提纲、撰写初稿、修改定稿、写作规范等方面,与学生进行交流,对学生进行论文写作的基础性训练,使学生掌握学术论文写作的基本方法,培养其学术研究的素养,进行创新能力的训练。本科生导师制和毕业论文导师制的结合,是提升学位论文质量的重要途径。导师制要求在教师和学生之间建立一种"导学"关系,针对学生的个性差异,因材施教,对学生进行思想、学习、科研和心理等方面的教育与指导。本科生导师制的施行,可以让学生参与教师的科研活动,使教学中增加科研的成分和实践环节,强化学生科研能力和创新意识的培养。实行本科生导师制,促使导师带领本科生搞科研,让科研服务教学、促进教学,调动教师的科研积极性,从而为科研活动增添活力。[①]

学校支持开展形式多样的本科生科研活动。在本科生导师制的实施过程中,鼓励本科生参与教师的科研项目,参与导师的科研活动;根据学生特点制订相应的研究计划,支持大学课外科学研究活动,提高学生科研创新能力。

高校可以鼓励学生创办自己的学术刊物。学校可派教师重点指导,不断提

---

[①] 陈硕:《大学生生活事件与心理健康的关系:情绪调节与心理韧性的作用》,青海师范大学 2018 年硕士论文。

高办刊质量,扩大影响力。学校学术期刊开辟相应的栏目,发表一些学术水平较高的学生论文,特别是发表经过评选产生的优秀学士学位论文。加强和推动本科学生学术成果交流与合作,对学生形成激励和鞭策。同时,邀请相关专家和学者举办学术报告会和学术讨论会,以开阔学生的思路与视野。

## 五、注重培养学生的创新思维

以培养复合型创新人才为教学理念和教学目标,平时作业一般情况下就是安排学生写作学术论文。写作学术论文意在培养学生的批判创新性思维能力,那么学生就需要选择前沿性问题进行研究,否则介绍已有研究成果的选题,实际上就是重复研究,既不利于对课程已讲授内容的深化,也不利于批判创新性思维能力的培养。

学术论文选题是否前沿问题,教师和学生的学术鉴别能力是关键。教师的职责是传道授业、解惑。对自然辩证法概论课而言,"传道"就是在这门课程中对学生进行思想政治教育,引导他们树立起献身科技事业及科技强国建设、为中华民族伟大复兴的理想而奋斗的信念与决心。"授业"就是通过对科学、技术、工程、产业方法论的学习和研讨,使学生掌握振兴我国科学、技术、工程、产业的方法和技能。由于认识过程是从相对真理向绝对真理逼近的过程,对"解惑"的现代解读应该是:"解惑"要求教师对于课程中的前沿问题要有所了解和研究,其更为重要的职责是引导学生通过发挥主观能动性去探索、研究前沿问题;也就是说,现代教师的"解惑"职责是引导学生去"解惑"。这样看来,教师是决定选题是否前沿问题的一个主要方面,而另一个主要方面就是学生自身的学术鉴别能力。学生除了要对文献资料的真实性和可靠性做出鉴别之外,①还要对文献资料的创新性进行鉴别,因为把前沿创新性研究成果作为借鉴和批判创新的对象,才能取得更高层次的创新性研究成果。鉴别的方法主要是查阅最近几年国内外比较权威的期刊文献,如果发现学者对某一问题研讨得较多,特别是对某一问题的探讨有多种观点时,就基本上可以判定这是前沿争议问题了。

最后,任课教师可以结合自己的创新性研究成果培养学生的创新思维能力。笔者认为,研究工作是一个实践性的工作,作者对自己学术论文的选题及观点都

---

① 国务院学位委员会第六届学科评议组:《一级学科博士、硕士学位基本要求》(上册),高等教育出版社 2014 年版,第 5 页。

来源于自己多年的研究工作实践。教师可以将自己在多年的研究工作实践中取得的一些创新性研究成果,纳入相关课程的教学环节,这不仅有利于学生创新性思维能力的培养,而且有利于提高教学效果。因为学生看到任课教师是某一研究方向的专业人士,而不仅仅是一个照本宣科的教员,会更加认同任课教师的授课内容,出勤率、听课率、课堂纪律等都会比较好。

# 六、结　语

高校学生的学术论文写作水平体现其综合学术素养和创新意识。要想写出优秀的学术论文,作者须具备良好的科研能力与写作水平,两者相辅相成,缺一不可;而高超的写作水平是写好科技论文的有力支撑。因此要提高学生的学术论文写作水平,须将教师指导与学生自主学习相结合,并贯穿于教学培养的各个环节。总之,提高高校学生的学术论文写作技能,虽有一定规律可循,但没有捷径可走,须历经长期实践,不断勤学苦练,熟能生巧,方能写出合格甚至高质量的学术论文。